AF312189

M. L'ABBÉ J.-L. VAISON

CHANOINE

ARCHIPRÊTRE, CURÉ DE LA CATHÉDRALE
DE LA ROCHELLE.

(1837-1888)

> *Dilectus Deo et hominibus, cujus memoria in benedictione est.*
>
> Il fut chéri de Dieu et des hommes, et sa mémoire demeure en bénédiction.
>
> (Eccli. **XLV**, 1.)

LA ROCHELLE

IMPRIMERIE ROCHELAISE. P. DUBOIS, IMP.

1889

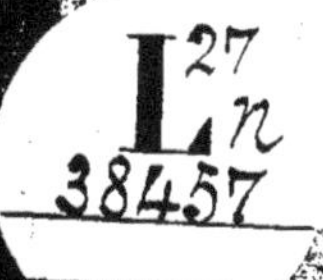

M. L'ABBÉ J.-L. VAISON

Chanoine

Archiprêtre, Curé de la Cathédrale de La Rochelle.

M. L'ABBÉ J.-L. VAISON

CHANOINE

ARCHIPRÊTRE, CURÉ DE LA CATHÉDRALE

DE LA ROCHELLE.

(1837-1888)

Dilectus Deo et hominibus, cujus memoria in benedictione est.

Il fut chéri de Dieu et des hommes, et sa mémoire demeure en bénédiction.

(Eccli. XLV, 1.)

LA ROCHELLE

IMPRIMERIE ROCHELAISE. P. DUBOIS, IMP.

—

1889

DÉDICACE

—

Cette biographie, sans prétention comme la vie qu'elle raconte, hommage pieux que nous venons déposer, au premier anniversaire de sa mort, sur la tombe de M. Vaison, est à la fois l'exécution d'une promesse, une satisfaction de l'amitié, l'accomplissement d'un devoir de reconnaissance.

Nous offrons cet humble travail à celui qui en est l'objet. Il peut, nous l'espérons, et il voudra le bénir.

Riches de plantes aromatiques et idolâtres de la forme, les Orientaux conservent dans les parfums la dépouille refroidie de leurs morts. Nous, chrétiens, en nous efforçant de donner à nos défunts une sépulture digne de leur mémoire et de nos sentiments, nous n'oublions pas que nos hommages doivent avant tout glorifier ce que Dieu même exalte dans le ciel, l'âme, ses mérites, ses vertus. Par cette modeste biographie, nous ensevelissons, pour la conserver dans ses propres parfums, seuls dignes d'elle, la douce et chère mémoire d'un père et d'un ami.

Ce récit est la simple histoire d'une âme sacerdotale que sa modestie écarte des manifestations bruyantes, à laquelle elle interdit les initiatives hardies et jusqu'aux prétentions les plus légitimes, en lui faisant dépouiller toute personnalité pour laisser à Dieu le maniement plus libre, plus absolu des facultés qu'elle en a reçues. Nous ne redoutons pas même le danger de voir déteindre sur ces pages la monotonie et l'apparente vulgarité d'une existence qui s'est écoulée tout entière dans l'accomplissement régulier du devoir.

G. B.

La Rochelle, le 18 Avril 1889.

M. L'ABBÉ J.-L. VAISON

Chanoine

Archiprêtre, Curé de la Cathédrale de La Rochelle.

———

I

PREMIÈRE ÉDUCATION

Salornay, dans le département de Saône-et-Loire, diocèse d'Autun, est une charmante bourgade assise sur des coteaux vignobles, d'où l'on domine les vertes prairies qu'arrose la Guye. C'est là, au milieu de cette nature puissante, presque sauvage, que naquit, en 1837, le jour de Noël, Jean-Louis Vaison. Il appartenait à une famille chrétienne de cultivateurs. Son âme devait se pénétrer de ce sentiment de dignité simple et de droiture innée, qu'une mère profondément croyante ne manque jamais d'imprimer à son enfant ; sa nature réservée et sa constitution robuste, se ressentir heureusement de la vigueur exubérante et de l'aspect un peu abrupt du sol natal.

Les aptitudes remarquables qu'il manifesta de bonne heure arrêtèrent sur lui l'attention du curé de Salornay. M. Bardot, en pasteur prudent, persuadé qu'une âme d'élite était en formation dans cet enfant, que signalaient déjà sa piété et sa modestie, poursuivit de ses pressants conseils la famille de Jean-Louis et la décida à des sacrifices que le Ciel a magnifiquement récompensés.

Certes, la Providence fut plus que libérale, elle fut prodigue pour l'enfant de Salornay. Elle sema à pleines mains, dans l'âme impressionnable et neuve de Jean-Louis, les germes qui se développèrent dans la vie du prêtre en qualités charmantes et en vertus solides.

L'éducation qu'il reçut de sa mère est certainement le plus grand des bienfaits dont fut comblée l'enfance de Jean-Louis Vaison, éducation prévoyante de tous les dangers, même de ceux qu'elle ne pouvait connaître dans son ignorance du monde, mais que devinait l'instinct maternel ; éducation élevée et délicate dans sa naïve rudesse, parce qu'elle était dirigée et éclairée par la foi. Une zélatrice de l'Œuvre des vocations nous écrit : « J'oserai vous
» demander un exemplaire de cette chère biographie
» pour un jeune clerc du petit Séminaire Saint-Jean
» de Lyon, dont je ne suis, hélas ! que la marraine.
» Que je voudrais, en ce moment, être sa mère, pour
» pouvoir imiter de loin la très estimable femme,
» dont le dévouement et la sollicitude contribuèrent
» à donner à l'Église un si bon prêtre ! »

Ce devait être une des joies les plus douces de la pieuse mère de voir, chaque dimanche, dans l'église du village, son jeune fils, revêtu de la robe de lin, servir à l'autel le digne prêtre qui lui portait un si paternel intérêt.

Quelques mois après, élève de la maîtrise d'Autun, le petit enfant de chœur de Salornay, que Dieu destinait à la Cathédrale de La Rochelle, s'initiait aux détails des belles cérémonies du culte catholique sous Mgr d'Héricourt, aux manières empreintes d'une si haute noblesse, et sous Mgr de Marguerye, d'une si pieuse distinction, et préludait ainsi à ces hautes fonctions du sacerdoce, où il devait apporter un jour tant de dignité. En même temps, il retrouvait aux vacances, dans la paroisse natale, un modèle de gravité sacerdotale et de zèle pour la maison de Dieu.

L'enfant répondit aux belles espérances dont il était l'objet ; ses débuts furent des succès ; il se forma inconsciemment, mais fortement et pour toujours, sur ces modèles choisis et multipliés dont il fut plus tard la parfaite copie.

A mesure que son intelligence se développait, l'application et le goût grandissaient d'un progrès égal, et dès lors on put prévoir quelles seraient les préférences de cet esprit délicat. — La voix très pure et très ferme, dont il était doué, fut cultivée avec soin pendant les rapides années qu'il passa à la maîtrise d'Autun. Cette étude lui donna le goût et la connaissance approfondie de la musique, dont il appréciait justement la valeur et l'utilité au point de vue artistique et religieux.

C'est ainsi qu'à la double école du foyer chrétien et de l'Église se fit la première éducation de Jean-Louis Vaison.

II

Le Petit et le Grand Séminaire

En 1853, le jeune élève de la maitrise entra en quatrième au petit Séminaire d'Autun, sous la direction de M. l'abbé Duchêne. Le séminariste ne tarda pas à conquérir dans sa classe un rang distingué. Vif, spirituel, enjoué, plein d'adresse et d'initiative au milieu de ce peuple d'enfants, qui ne connaît ni calcul, ni arrière-pensée, il oublia, sans les perdre pourtant, sa réserve et sa timidité natives et devint bientôt un élève influent. Le 20 juillet 1856, au sacre de Mgr Landriot, c'est lui qui dirigeait les chants du petit Séminaire d'Autun.

Atteint d'une maladie assez grave dans le cours de son année de philosophie, il confia à la très sainte Vierge les intérêts de sa vocation sacerdotale et manifesta dès lors envers Marie une piété toute filiale, qui ne s'est jamais démentie. Une religieuse de Saint-Joseph de Cluny, infirmière dans l'établissement, désolée de voir le mal s'aggraver en se prolongeant et menacer un sujet de grande espérance, — le mal n'était rien moins qu'une fistule à la gorge, — eut l'inspiration de solliciter en faveur du malade les prières du saint curé d'Ars. A partir de ce moment, la guérison commença. Au petit Séminaire, on avait remarqué la profonde reconnaissance qu'il avait vouée à la bonne sœur Eulalie. Plus tard, quand le curé de la Cathédrale de La Rochelle revenait, aux grandes vacances, dans sa chère Bourgogne, on admirait la délicatesse de son cœur. Chaque fois, en effet, il s'empressait de rendre visite à l'infirmière intelligente et dévouée dont les soins, pensait-on, l'avaient guéri. Mais on ignorait généralement quels liens, d'une nature autrement noble et élevée que celle d'une affectueuse gratitude, unissaient ces deux âmes. L'intervention de la sœur Eulalie auprès du curé d'Ars, immédiatement suivie de la guérison rapide de son cher malade, n'a été révélée par une compagne, alors associée à son œuvre de maternel dévouement, que depuis la mort de la pieuse infirmière. La sœur Eulalie est morte le 19 janvier 1888, précédant de trois mois seulement dans l'éternité celui qu'elle avait, sans doute, par sa foi, conservé à l'Église de Dieu, et, par sa piété, formé et consacré au culte de Marie. Un ami et un témoin de la vie du jeune séminariste nous adresse cette note : « Avant de quitter le petit Séminaire, où » nous avions passé de si heureux jours, on prit la » photographie de la classe. En jetant les yeux sur » ce cher souvenir, je vois l'ami que nous pleurons, » debout et tout près de cette statue de la sainte » Vierge, si connue, si aimée des anciens élèves. »

En même temps que la piété s'enracinait plus profondément dans l'âme du jeune homme, prenant déjà, comme par une pente naturelle, son orientation vers le Sacré-Cœur et la Vierge immaculée, son intelligence accusait, elle aussi, ses préférences. Son goût littéraire s'épurait de plus en plus. Dans les rapports qu'il rédigeait, comme secrétaire de la Conférence de Saint-Vincent-de-Paul, on signalait déjà avec admiration un talent réel de littérateur. Ce devait être le résultat des cinq années d'*humanités* du petit Séminaire d'Autun. Le prêtre futur s'assurait, par l'étude consciencieuse des lettres, un des instruments les plus puissants du ministère sacerdotal, *l'art de bien dire*. Il garda jusqu'à la fin de ses études classiques, même dans cette année de philosophie, écourtée par la maladie, le rang qu'il avait occupé dès le début.

L'élève brillant prépare le prédicateur, dont la parole grave, précise, exacte, a laissé dans l'esprit des auditeurs de la Cathédrale une si profonde empreinte ; le littérateur annonce le critique sûr et précieux, dont ni l'amitié ni la reconnaissance ne peuvent fausser le jugement : double résultat qui montre l'importance de ces études, si frivoles parfois, souvent si négligées, qu'on nomme les humanités, quand des maîtres consciencieux et intelligents les dirigent.

Jean-Louis Vaison était entré dans sa 21e année quand il se présenta au grand Séminaire.

Le grand Séminaire d'Autun, dirigé par les prêtres de Saint-Sulpice avec l'esprit de discipline et le goût de la science ecclésiastique qui les caractérisent, compléta aisément, dans l'âme déjà si bien disposée du jeune lévite, le travail de la grâce, qui devait le préparer définitivement à sa trop courte mais féconde carrière.

Jusqu'ici, nous n'avons pu signaler dans l'enfant et dans l'adolescent qu'une docilité pour ainsi dire inconsciente; désormais, cette docilité prend un autre caractère: elle est réfléchie. Au grand Séminaire, le jeune homme d'ordinaire oublie le présent ; mais il revient sur le passé, où son œil inquiet cherche la trace du chemin déjà parcouru et en étudie la direction ; car il s'agit de connaître avec certitude l'appel divin.

Dans les notes autorisées que nous fournissent sur cette phase de sa vie des amis intimes de M. Vaison, rien ne révèle chez lui cette préoccupation, pourtant si naturelle, de l'avenir. Il entre au grand Séminaire comme il était entré au petit Séminaire et à la maîtrise : il est dans la main de Dieu, il se laisse porter. Mais il sait maintenant qui le porte et où il va, et il le veut ; car désormais rien ne sera décidé sans sa formelle adhésion. Sa vocation est discutée et librement consentie.

Nous ne voulons d'autre preuve du sérieux, avec lequel il se prépare au sacerdoce, que sa fidélité à suivre la règle du Séminaire et le soin qu'il apporte à la rédaction de ses cahiers de théologie.

La formation du caractère par l'obéissance était à ses yeux, avec l'étude et la prière, un puissant moyen de sanctification.

Déjà, pendant son année de rhétorique, dans une retraite prêchée au petit Séminaire par le R. P. Carbois et clôturée le jour de la fête de l'Immaculée-

Conception, il se promet « d'observer ponctuellement
» et avec amour le règlement de la maison, de
» travailler pour Dieu et dans le but d'être utile
» à sa gloire, d'avoir une grande charité envers ses
» camarades. »

Déjà, il regarde la vierge Marie « comme une
» bonne Mère et dépose dans son cœur toutes ses
» peines et toutes ses joies. »

Il se propose « de donner toujours le bon exemple
» par sa piété et son recueillement. » Il offrira tous
les jours, dans sa visite au Saint-Sacrement et à la
sainte Vierge, « une prière au Sacré-Cœur de Jésus
» et deux *Ave Maria*, pour obtenir la grâce de
» connaître sa vocation. » La feuille sur laquelle
nous trouvons notées ces résolutions porte en tête
cette inscription, qui révèle bien le côté aimable de
sa piété : *In SS. Cordibus Jesu et Mariæ.*

La vie du grand Séminaire lui fait mieux comprendre encore la nécessité du recueillement et du
travail, en vue de sa formation ecclésiastique. Sa
piété, sans rien perdre de sa tendresse, devient plus
énergique et envisage le côté austère de la pénitence.
Il accomplira son règlement « pour Dieu et afin de se
» *mortifier.* » Il s'efforcera « *d'enchaîner* son esprit
» pendant l'oraison. » Il consacrera « tout son temps
» à l'étude et s'occupera avant tout des matières de
» la classe. Afin de stimuler mon zèle, ajoute-t-il, je
» penserai que je travaille pour Dieu et son Église. »
Chaque jour, il lisait quelques versets de l'Évangile,
cherchant à les graver dans sa mémoire, et quelques
pages de la Bible, « dans le texte hébreu et latin. »

Il fera chaque semaine le chemin de la croix pour
« s'*humilier* devant Dieu et lui demander pardon. »
Il s'endormira en réfléchissant « à une vérité sé-
» rieuse de la religion, ou à quelque sainte pensée,
» et après avoir récité cette prière : *In manus*
» *tuas*, etc. »

Ces paroles, que nous citons textuellement, sont
tirées de son règlement particulier ou des nouvelles
résolutions de retraite qu'il prit en entrant au grand
Séminaire, et il les fait suivre de ces lignes :

« Dans mes tentations et mes peines, j'élèverai
» aussitôt mon cœur vers Dieu, avec ces deux invo-
» cations : *Deus, in adjutorium meum intende.*
» *Maria, sine labe concepta, ora pro nobis.* »

Il était chargé du soin de la chapelle de la sainte
Vierge, et il devait l'orner avec amour, car il écrit
dans un petit cahier de souvenirs : « Tout à vous,
ô Marie, tout en union avec vous. Je suis votre
pauvre sacristain et votre serviteur ! »

Un peu plus loin :

« J'aurai la plus grande confiance envers Marie.
» Quand les idées du monde ou quand la tristesse
» viendront me troubler, j'irai au pied de sa statue
» et je réciterai de tout mon cœur un *Souvenez-*
» *vous*. Chaque fois que j'entrerai dans ma chambre
» ou que j'en sortirai, je la saluerai avec un sourire,
» comme l'enfant salue sa mère. Je lui adresserai
» toutes mes prières, afin qu'elle me montre la voie
» où Dieu m'appelle et qu'elle m'y conduise par la
» main. »

Cette voie définitivement connue, il s'y engage

résolument et le jour de sa consécration cléricale, le 2 juin 1860, il prend, sous les auspices de celle qui l'a guidé comme « par la main », les deux résolutions suivantes : de s'appliquer à la conversation intérieure avec Jésus ; de faire de fréquents actes d'humilité.

Dans ses impressions de retraite préparatoire aux ordres mineurs, en mai 1861, les seules malheureusement qui nous restent, nous lisons ces graves réflexions :

« L'humilité, l'abnégation, voilà, ô mon Dieu, les
» deux bases de la vie spirituelle : *Discite a me*
» *quia mitis sum et humilis corde. — Si quis vult*
» *venire post me, abneget semetipsum.* L'Imitation
» ajoute : *Non reputes te aliquid perfecisse, nisi*
» *inferiorem omnibus te sentias.* Par un effort
» soutenu, je veux, dès aujourd'hui, travailler avec
» votre sainte grâce, ô mon Dieu, à acquérir ces
» vertus ; *il le faut pour être un bon prêtre !* »

Comme « les vertus ne s'acquièrent que par la
» répétition des actes », il sera fidèle à la pratique de l'humilité et il s'appliquera à mortifier en particulier son imagination, dont « les écarts, dit-il, me font
» perdre mon temps, dissipent toutes mes prières et
» m'empêchent d'avancer dans la vertu. » Il fera ainsi une œuvre agréable à Dieu et méritoire pour lui-même : « Faire bien ce que l'on fait, faire pour Dieu
» les moindres choses, voilà ce qu'ont fait les saints
» et ce qui remplit la vie. » Il apportait jusque dans le cours de chant, « qui ne doit pas être une chose indifférente », cette préoccupation de plaire à Dieu.

« Voilà, ô très douce Mère, écrit-il en terminant,

» les résolutions que je mets sous votre garde. Merci,
» oh ! merci mille fois de la protection que vous
» m'avez témoignée jusqu'ici ; continuez-la-moi, je
» vous prie. »

Pendant ses vacances à Salornay, l'abbé Vaison s'astreignait à cette vie de règlement, dont il avait contracté l'habitude au grand Séminaire, et il l'observait si fidèlement dans l'ensemble, que le vénéré M. Picard, actuellement encore supérieur du grand Séminaire d'Autun, lui écrivait à cette occasion :

« Mon cher enfant.

» Je vois avec plaisir que vos vacances sont, assez
» tranquilles. J'aime cette solitude dans laquelle vous
» vous trouvez habituellement. Lorsque l'âme est
» si fortement unie à Dieu, elle ne se trouve jamais
» plus à l'aise que quand elle est loin des créatures.

» Un séminariste, qui porte dans sa poitrine un
» cœur de prêtre, doit se trouver heureux avec Dieu
» seul. Le monde est pour lui un champ de bataille et
» jamais le lieu de son repos. La solitude cependant,
» sans la présence de Dieu qui la remplit, serait le
» désert. Aussi, je vois avec consolation que, malgré
» quelques négligences de détail, vous êtes fidèle à
» vos exercices de piété. C'est beaucoup de les faire
» extérieurement. Peu à peu la sève surnaturelle
» vivifie ces branches arides de l'arbre spirituel, que
» nous arrosons tous les jours avec fatigue et labeur,
» et nous serons peut-être surpris à la fin des fruits
» qu'il aura produits.

» Ne vous découragez donc pas, mon cher enfant,

» mais reprenez avec une ardeur toute nouvelle ce
» qui aurait pu être un peu négligé. Faites toujours
» vos communions avec exactitude, humilité et sim-
» plicité. C'est parce que nous sommes pauvres que
» Notre-Seigneur veut venir à nous plus souvent.
» Ayons seulement la volonté sincère de ne pas
» résister à la douce impulsion qu'il veut imprimer
» à notre cœur. Dans les moments pénibles, allez à
» la très sainte Vierge avec la plus entière confiance.
» Un regard vers Marie donne plus de paix à l'âme
» que tous les efforts par lesquels nous voulons nous
» calmer, en usant de notre propre énergie. »

Et le bon supérieur ajoutait : « Ouvrez votre cœur
» à la confiance, malgré le juste sentiment de votre
» faiblesse. Notre-Seigneur ne veut que ce qui est
» faible pour faire de grandes choses dans son Église
» et j'espère qu'il voudra bien se servir de vous pour
» faire un peu de bien. »

Ces fruits de vertu et de grâce, ces espérances
d'avenir dont parle M. Picard, « fondées sur une
» abnégation sincère », le jeune séminariste en
cueillait déjà les prémices et devait en faire une
ample moisson. Nous ne saurons jamais les faveurs
précieuses dont son âme fut enrichie, les émotions
douces et fortes qui durent faire battre son cœur aux
grands jours du sous-diaconat et du sacerdoce.

« Succès marqués dans les études ecclésiastiques
» et docilité à la direction de ses maîtres ; traits
» saillants de sa piété : le culte du Sacré-Cœur et la
» dévotion à la très sainte Vierge. » Ces quelques
mots, qui renferment un grand éloge dans leur

briéveté, résument la vie du jeune séminariste, pendant son noviciat de cinq années, et révèlent ce que sera plus tard dans le monde celui que des qualités si sérieuses désignaient déjà à l'attention de ses supérieurs.

C'est avec ce témoignage de ses maîtres et de ses condisciples que M. l'abbé Vaison, nouveau prêtre, entre, en 1863, dans le ministère paroissial, à Saint-Vincent de Châlon.

III

LE VICARIAT

Le vicariat est l'apprentissage du ministère pastoral sous la direction expérimentée d'un prêtre déjà mûr, et, partant, une sorte de complément du grand Séminaire. Il faut estimer heureux le jeune prêtre qui trouve, pour guider ses premiers pas dans la vie active, la main et le cœur d'un père, plus encore que d'un ami. M. Vaison aura toujours eu cette bonne fortune de rencontrer, auprès de lui, l'âme par qui Dieu a résolu de le former et de le conduire.

Tel fut, pour son jeune vicaire, l'excellent curé de Saint-Vincent. Il lui écrivait, en 1868 :

« MONSIEUR ET BIEN CHER AMI,

» ..... Je ne cède à personne, excepté à vos bien-
» aimés parents, le droit et l'honneur de vous aimer
» plus que je vous aime. Vous n'avez pas été pour

» moi seulement un vicaire capable et distingué ;
» vous avez été un confident... Votre photographie,
» qui est venue à merveille, figure au nombre de
» mes meilleurs amis, et je la montre avec cette
» complaisance que ressent une tendre mère en
» montrant l'image de son cher enfant. »

Cette même lettre, où se livre tout entier le cœur du père, est en même temps l'écho de toute la paroisse. M. Vaison, secrétaire particulier de Monseigneur l'Évêque de La Rochelle, s'était rappelé au souvenir des paroissiens de Saint-Vincent, qu'il avait quittés en 1867. Son ancien curé lui répondit le 7 janvier 1868 : « J'entends, depuis le 30 décembre, le plus
» agréable concert : « Devinez, Monsieur le curé, de
» qui nous avons reçu le plus aimable bonjour, un
» bonjour qui nous portera bonheur, un bonjour
» d'ami ?... Mon Dieu, pourquoi nous l'a-t-on enlevé,
» ce cher Monsieur, si gracieux, si fidèle au sou-
» venir?... Nous vous aimons bien, Monsieur le curé,
» mais nous l'aimons bien aussi... De grâce, faites-le
» revenir »... Voilà la chaleur des démonstrations
» par un froid de 12 degrés!... Cependant, Monsieur
» et cher ami, j'entends primer tous ces enthou-
» siasmes... »

L'intelligence ouverte, la parole grave, l'esprit charmant et surtout le zèle du vicaire de Saint-Vincent lui avaient, en quelques années, acquis une grande influence. Ce court ministère, entouré de profondes et durables sympathies, le forma et l'attacha à la vie pastorale qui, dans les desseins de la divine Providence, devait être sa vie.

Un témoin fidèle et vigilant des efforts du jeune prêtre dans le ministère des âmes, nous donne, dans ses lettres de direction, les traits saillants du vicaire de Saint-Vincent de Châlon.

Il lui écrit le 2 novembre 1864 :

« Je me réjouis de tout ce que vous me dites des
» restaurations de votre cathédrale de Saint-Vincent.
» M. le curé déploie en tout cela un zèle et une
» intelligence admirables. Si nous voulons que les
» fidèles respectent le culte du Seigneur, il faut savoir
» leur en donner une grande idée. Faites tout ce qui
» dépend de vous pour contribuer à la splendeur des
» cérémonies dans votre belle église, et souvenez-
» vous aussi que les magnificences du temple exté-
» rieur sont le symbole de la beauté intérieure
» que nous devons donner aux âmes qui nous sont
» confiées. »

Quelque goût qu'il eût pour l'éclat extérieur du culte divin, M. Vaison, docile aux avis de son prudent directeur, appliquait surtout sa sollicitude à la sanctification des âmes. Il s'inquiétait de quelques plaintes ; son directeur le rassure le 28 décembre 1864 :

« Je ne crois pas que vous deviez beaucoup vous
» préoccuper de la petite réputation de sévérité que
» l'on parait vouloir vous faire. Soyez toujours exact
» dans vos principes, ne faisant rien au hasard,
» mais vous rendant compte de tout. Puis, dans les
» formes mettez une grande douceur et dans les
» mots une grande réserve. »

Cette réputation de fermeté n'était pas le moindre attrait pour les personnes sérieuses, et l'on rendait

pleinement justice à son dévouement et à son zèle
pour le salut des âmes et le soin des pauvres malades : « Que n'êtes-vous encore près de nous, lui
» écrit-on quelques semaines après son départ, dans
» cette chère paroisse Saint-Vincent, où vous étiez
» appelé à faire tant de bien, au milieu de toute
» cette population dont les sympathies vous étaient
» acquises!... L'onction de votre parole touchait nos
» cœurs ; Dieu vous a donné le zèle de l'apôtre pour
» la direction des âmes. Nos chers malades étaient
» heureux et consolés par votre présence ; chaque fois
» que vous montiez dans les mansardes pour visiter
» le pauvre de Jésus-Christ sur sa couche de douleurs,
» vous lui apportiez avec vous la paix et la joie ! »

La religieuse chargée de la visite des familles
nécessiteuses, lui écrit de son côté : « Soyez assuré,
» Monsieur l'abbé, que je conserverai un perpétuel
» et bien doux souvenir des soins assidus et paternels
» que vous avez donnés à nos chers malades, pendant
» les trois courtes années de votre apostolat à
» Châlon-sur-Saône. »

Le jeune vicaire de Saint-Vincent a une préférence
marquée pour la prédication. Il se défie de cette
pente, où l'inclination naturelle et ses aptitudes
littéraires l'entrainent, et demande l'avis de son
directeur. Celui-ci se hâte de répondre : « Je ne
» doute pas des petits succès que vous devez obtenir
» par la prédication. Vous avez quelques qualités
» pour ce ministère. Mais n'oubliez jamais que
» l'étude et la pratique de l'oraison sont les deux
» grandes sources d'une prédication solide. Surtout,

» veillons bien sur nos intentions ; elles doivent être
» aussi pures, lorsque nous montons dans la chaire
» que lorsque nous montons au saint autel. »

Ainsi soutenu par une main ferme, éclairé par un saint prêtre, encouragé par un père, M. Vaison devait être le digne vicaire d'un curé modèle, et laisser sa trace bénie dans cette belle paroisse de Saint-Vincent. Ces conseils du bon sens, de l'expérience et de la sainteté tombaient dans l'âme généreuse et docile du jeune prêtre, comme dans une terre bien préparée tombe le germe qu'elle féconde et dont elle mûrit les fruits.

Quand, vingt ans plus tard, la nouvelle de sa maladie est annoncée à Saint-Vincent de Châlon, parmi ces âmes qu'il a édifiées, soutenues, consolées, un cri de véritable désolation retentit : « Dans
» quelles angoisses je suis depuis mardi, jour où le
» bon curé de Saint-Côme vint m'apprendre que vous
» étiez si fatigué ! A cette nouvelle, mon cœur battit
» à se briser... M. l'abbé Plisset vous a recommandé
» aux Carmélites, et les Dominicaines s'unissent à
» nous ; mais vous n'ignorez pas que les prières les
» plus ferventes sont les nôtres. Ma mère et moi
» disons chaque jour notre rosaire. Hier, j'ai dit le
» mien tout entier à genoux et je ne pouvais plus
» me relever. Qu'importe ? Je voulais souffrir et
» supplier Marie de me guérir le cher Rochelais.
» Cette bonne Mère du ciel, que vous avez tant aimée
» et tant priée, se rendra à nos instances... »

Ces affections, qui ont passé par l'épreuve du temps sans en être affaiblies, suffisent à expliquer les hési-

tations de M. Vaison, quand Mgr Thomas lui témoigna le désir de l'emmener à La Rochelle et de se l'attacher en qualité de secrétaire particulier. Il put croire, en constatant les fruits déjà abondants d'un court ministère, que Dieu ne le voulait pas ailleurs. Mais il est certain que son hésitation était surtout inspirée par les alarmes de sa modestie, en présence de l'avenir imprévu que lui ouvrait Mgr Thomas. Il réclama, comme dans toutes les circonstances où il sentait le besoin de voir plus clairement la volonté divine, l'avis de sages conseillers : « Mgr Thomas a eu l'ini-
» tiative du projet dont il vous a fait part. Il m'en a
» parlé et je n'ai pu que l'approuver... Le côté le
» plus pénible est l'éloignement de la patrie. Mais,
» vous le savez, nous sommes prêtres, non pour
» nous, mais pour les âmes. Comme vous le pensez,
» des épines sont cachées sous les roses. Je sais que
» les épines cachées sous les roses ont des piqûres
» très douloureuses et qui vous surprennent. Elles
» ont un mérite de plus : Dieu seul les voit. Nous
» sommes aussi de cette race dont il est dit : *Non*
» *habemus hic manentem civitatem...* Je ne vous
» détournerai point d'accepter la proposition de
» Monseigneur, je l'ai approuvée, et si j'avais un
» motif à donner, je vous parlerais sacrifice, mot qui
» va toujours au cœur d'un prêtre. »

Cette réponse d'un conseiller toujours fidèlement obéi faisait disparaître l'une des deux causes d'hésitation, qui avaient jusqu'alors retardé l'adhésion du jeune vicaire à l'offre séduisante de Mgr Thomas. Mais Dieu l'appelait-il aux redoutables fonctions que

voudrait peut-être lui confier un jour l'amitié de son Évèque ? Pouvait-il s'abandonner aveuglément à la bienveillance qui l'attirait ? Ce fut le directeur des premières années, l'ange de la vocation, qui donna la réponse : « Je vous fais bien sincèrement mon compli-
» ment, mon cher abbé, du choix de Monseigneur de
» La Rochelle. Je n'ai nullement été étonné de cette
» élévation, car il y a longtemps que j'ai pressenti
» que Dieu a des desseins sur vous. Mon cher enfant,
» quand un appel se fait dans les conditions où vous
» êtes, sans avoir jamais rien fait pour le provoquer,
» il est évident que c'est la voix de la Providence.
» Répondez-y donc avec confiance. »

M. le supérieur du grand Séminaire lui écrivait également : « Avant de vous envoyer le mot que vous
» me demandez, j'ai voulu le demander moi-même à
» Notre-Seigneur. Après y avoir réfléchi, il me
» semble que vous devez accepter sans répugnance
» et sans illusion : sans répugnance, puisque tout
» indique que c'est le bon Dieu qui vous appelle ;
» sans illusion, parce que c'est ici qu'il faut appliquer
» le proverbe : « Tout ce qui brille n'est pas or. » Le
» Seigneur vous ménage sans doute plus d'un sacri-
» fice dans la position qui vous est offerte, mais c'est
» peut-être là le meilleur côté de l'avenir. »

Pas plus que M. Picard et M. le chanoine Bardot, l'ancien curé de Salornay, M. Vaison ne pouvait se faire illusion sur l'avenir que lui préparait l'Évèque de La Rochelle. Il redoutait cet avenir, dont les brillantes promesses ne lui paraissaient pas sans danger. La voix d'un Évèque l'appelle... Alors que cette voix devrait sonner agréablement à l'oreille d'un jeune homme distingué, sérieux, instruit, aimé comme il l'était déjà, il se recueille et il doute. Cette voix d'évèque n'est pas nécessairement la voix de Dieu. Il veut un gage plus certain et la double garantie du père et du directeur de sa vocation sacerdotale.

Une pareille hésitation, les sages précautions dont il s'entoure, en présence de cet appel et de ces promesses, ne peuvent être inspirées que par ce sentiment de modestie dont sa vie tout entière a été comme enveloppée.

Mais dès lors toutes les résistances étaient vaincues. Et en même temps que Mgr Thomas lui écrit : « Je » suis très heureux du choix que j'ai fait et tout le » monde m'en félicite », Mgr Perraud lui exprime « son vif regret de le voir enlevé à son diocèse et à » son affection ». Il devait le lui montrer un jour.

IV

ARRIVÉE A LA ROCHELLE

Le secrétaire particulier de Mgr Thomas quitta Châlon, Salornay, Autun, et suivit son nouvel évêque à La Rochelle (1867). Ce que furent pour son cœur les déchirements de la séparation, nous le savons par les regrets que vingt années d'éloignement n'ont pu affaiblir, par la joie presque enfantine qui ramenait, chaque année, dans sa chère Bourgogne, l'enfant de Salornay, le séminariste d'Autun, le vicaire de Saint-Vincent de Châlon. Il donna bien vite son activité, son dévouement, son temps, ses soins aux œuvres qui lui étaient confiées dans le diocèse d'adoption ; il gardait son cœur au diocèse natal.

Tous ceux qui l'ont approché le savent, et il convient d'indiquer ces dispositions. Le sacrifice de l'homme fut cependant moins dur que le sacrifice du prêtre. L'homme quittait pays, famille, amis, mais avec la pensée et la possibilité du retour ; le prêtre quittait un ministère béni où toutes les aspirations du séminariste avaient trouvé leur réalisation, où les qualités les plus exquises exerçaient leur action salutaire et féconde ; et ce sacrifice dut être absolu, sans repentance, comme il fut sans réserve et sans espoir de retour.

Malgré la bienveillance et l'affection que lui témoignait son Évêque, les débuts furent pénibles.

Inconnu du clergé au milieu duquel il était appelé à vivre, le cœur encore plein de souvenirs et de regrets, le jeune secrétaire épanchait dans un cœur ami, qui se hâte de le consoler, son chagrin de vivre loin du pays et des âmes qu'il aimait tant : « Le vide » que vous semblez éprouver ne doit point vous » surprendre ; il devait en être ainsi et vous l'avez » compris vous-même dès le commencement ; mais » bientôt vous vous trouverez dans un milieu où » votre cœur sera à l'aise. Vous retrouverez des » âmes, car il en faut autour du prêtre. Sans cela, » les grands palais ne sont que de grands déserts. » Heureusement, Dieu se trouve dans ces déserts ;

» vous l'y avez déjà trouvé dans le tabernacle eucha-
» ristique. »

L'Évêque de La Rochelle ignorait-il les préférences du jeune secrétaire particulier, ou voulait-il seulement l'initier aux travaux de l'administration diocésaine, étudier ses aptitudes en vue d'un prochain avenir ? Nous savons que Mgr Thomas insistait auprès de M. Vaison pour qu'il donnât une plus large place au travail du secrétariat dans l'emploi de son temps. En effet, de pressantes invitations l'appelaient à Pons, à Saintes, où ses fructueuses prédications ont laissé leur trace. Là, sa parole animée et incisive était fort appréciée des jeunes gens; ici, pieuse et solide, elle éclairait et décidait des vocations, dans un auditoire charmé de jeunes filles.

A La Rochelle, une assistance choisie se pressait dans la chapelle de l'Espérance, où l'aumônier, M. Vaison, donnait, à 7 h. 1/2 du soir, chaque dimanche, les instructions si goûtées dont le souvenir est encore vivant. Il inaugura dans cette chapelle les prédications du Mois de Marie, qui devaient se continuer à la Cathédrale et qui achevèrent sa réputation d'orateur.

Il prêchait tant et si bien, que M. le supérieur d'Autun lui écrivait : « Je vois avec plaisir que vous » allez devenir un *prédicateur général ;* je vous en » félicite et je félicite même, par avance, vos audi- » teurs. »

En 1869, M. Vaison accompagna Mgr Thomas dans la tournée de confirmation. Il laissa partout, sur son passage, l'impression la plus favorable du charme de son esprit et de l'amabilité de son caractère. Son regard avait une expression de franchise et son sourire une bienveillance qui attiraient la sympathie.

Cette sympathie, qui allait en grandissant, ne tarda pas à répandre, autour du jeune secrétaire, une douce atmosphère d'affection, et bientôt celui qu'on appelait tristement, à Châlon et à Autun, « le pauvre exilé de La Rochelle », se fit une seconde patrie dans son diocèse adoptif: « Je vois avec consolation que » vous vous habituez à la position que la Providence . » vous a faite. Somme toute, elle est excellente, » malgré les petits déchirements que le cœur a pu » éprouver. » — « L'on me dit que vous êtes déjà » bien aimé du clergé avec lequel vous avez fait » connaissance. Je ne doute pas que cette affection » n'aille toujours *crescendo*. »

Dans ses rapports avec ses confrères, il apportait en effet , même lorsqu'il était chargé par ses supérieurs d'une mission pénible, une exquise délicatesse et une irréprochable urbanité.

Sa correspondance avait un tour gracieux et original.

Nous n'avons pu recueillir qu'une dizaine de ses lettres, toutes fort intéressantes et qui ont fourni des éléments précieux à cette biographie. Entre temps, il utilisait ses connaissances littéraires en écrivant, dans le *Bulletin religieux*, des articles, la plupart sans signature, dont on remarquait la correction et l'élégance. Sa plume était fine, acérée parfois, mais sans fiel, comme sa conversation ; elle avait le *trait*. C'est en particulier ce talent d'écrivain qui l'avait fait distinguer par Mgr Thomas, bon appréciateur en cette matière. De belles cérémonies avaient eu lieu à Paray-le-Monial, auxquelles avait pris part l'Évêque nommé de La Rochelle ; un compte rendu remarquable, publié quelques jours après dans le *Monde* (numéro du 1er juillet 1865), recueillait, avec l'approbation générale, les suffrages du prélat ; de simples initiales au bas de l'article trahissaient le nom de l'auteur. Le choix de Mgr Thomas était fixé.

Si nous rappelons cette anecdote, ce n'est pas seulement parce qu'elle a un intérêt historique pour les lecteurs de cette biographie ; mais parce que nous l'avons recueillie des lèvres mêmes de M. Vaison, et encore la racontait-il avec cette modestie et cette discrétion qu'il employait toujours en parlant de lui-même.

Au sujet de ce compte rendu, une personne fort distinguée, qui n'avait pu assister aux fêtes, et morte depuis en odeur de sainteté, lui écrivait : « Assez de » gens vous féliciteront sur la valeur littéraire de » l'article ; je me pénètre avant tout de la pensée » éminemment chrétienne qui l'a inspiré à un enfant » de mon village, au plus proche voisin de ma de- » meure, au jeune prêtre que je voudrais appeler mon » fils, et qu'en tout cas je considère comme un ami.

» Je retrouve dans vos appréciations sur les ora- » teurs comme un écho des impressions que j'aurais » ressenties. Les PP. Félix et Souillard me sont » connus. Je ne sais rien de Monseigneur de Genève, » que sa belle réputation de zèle apostolique, jointe » à cette expansion chaleureuse et féconde qui

» s'échappe de son cœur comme la fontaine de sa
» source en bondissant par dessus les cailloux :
» *Mirabilis Deus in sanctis suis !*

» Vous avez vu de grandes choses, douces et conso-
» lantes aux gens de foi ; vous les avez embrassées
» avec votre cœur et racontées avec toute votre
» intelligence, ce n'était que justice de vous dire
» merci ! »

Mais le métier d'écrivain a aussi ses mécomptes,
et, comme tous les vrais tempéraments d'artiste, le
jeune secrétaire s'en affligeait et s'en plaignait
vivement : « Je comprends les découragements qui
» naissent de temps en temps dans votre âme, en
» présence des difficultés que ne pourra jamais
» éviter celui qui veut tenir une plume. Il vous
» faudra du travail, mais vous êtes richement doué
» et, avec du travail et de la patience, vous pourrez
» bien faire. Il est convenu que vous m'enverrez
» tout ce qui s'imprimera à La Rochelle, surtout
» lorsque vous y aurez mis la main ou même le bout
» des doigts. »

Et en même temps, on lui donnait d'excellents
avis : « Je vous conseille de vous défier de l'enthou-
» siasme dans vos compositions. Les exclamations
» trop fréquentes ne sont pas d'un bon style... C'est
» l'idée forte, vigoureuse, pénétrante, qui doit carac-
» tériser une composition sérieuse et supérieure. »

Ces conseils furent mis en pratique et le jeune
prêtre devait arriver un jour « à faire très bien », à
exprimer en fort bon langage « des idées fortes et
pénétrantes. »

Il apportait la plus grande réserve dans la distribution des compliments et de l'éloge ; et lorsqu'il n'avait pas à louer, ses articles se ressentaient toujours un peu de l'impression pénible ou de la contrainte qu'il avait subies. Il s'en tirait cependant avec bonheur. Dans une circonstance difficile, où s'était produite une manifestation assurément excusable, mais qui pouvait paraître déplacée, il fut chargé du compte rendu de la réunion. Il le fit, comme toujours, avec talent ; mais le soin qu'il mit à atténuer ce qu'il appelait « le côté extérieur et » bruyant de la fête », souleva plus d'une observation. « Je vous comprends, disait-il à son contra- » dicteur, avec un fin sourire, mais vous devez » aussi me comprendre ! »

Cette nature franche, avec son intelligence claire et sa volonté droite, ne se sentait plus à l'aise dès qu'elle se trouvait hors de sa voie.

Il mettait à profit ses loisirs de vacances pour lire les ouvrages qui lui tombaient sous la main. Quelques notes éparses nous permettent de donner à nos lecteurs un aperçu de la vivacité et de la sûreté de sa critique : « Ces deux jours, j'ai lu le *Voyage dans* » *la Lune* de Bergerac. C'est une élucubration assez » étrange, un mélange de panthéisme et d'idées » chrétiennes. Des sophismes recouverts d'un peu » d'imagination, et voilà tout. — L'*Éloge de la folie*, » par Érasme, m'a intéressé. Il a de la verve, de » l'esprit gaulois, l'art de présenter un sophisme » avec beaucoup d'habileté. Mais c'est un mauvais » esprit, bien digne de s'entendre avec la Réforme.

— « J'ai lu, au jardin, assis à l'ombre de la vigne,
» par une magnifique matinée, quelques pages du
» *Voyage au pays des milliards*. Ce sont des notes
» de touriste français, vives, faciles, gaies, légère-
» ment satiriques et dénuées de parti pris. Çà et là
» quelques bribes d'érudition. Mais l'ordre manque.
» On ne connaît guère mieux l'Allemagne après
» avoir parcouru ces pages...

» J'ai feuilleté de nouveau le livre de Tissot :
» *Voyage au pays des milliards*. Quel jugement
» porter sur ce livre ? Il est intéressant ; ce qui le
» prouve, c'est le nombre des éditions. Mais, comme
» je le disais plus haut, ce sont des tableaux en
» raccourci, sans beaucoup d'autre lien que le caprice
» de l'auteur. On a, après la lecture de cet ouvrage,
» une teinture de l'Allemagne et de Berlin. Donc,
» intérêt, clarté, entrain pittoresque, voilà les
» qualités ; manque d'élévation, écourté dans certai-
» nes parties, un peu sceptique au point de vue
» religieux, négligence dans le style, tels sont les
» défauts. Quant à la vérité de son dire, elle est
» spécieuse tout au moins. Mais ce sont des impres-
» sions plutôt qu'une étude approfondie, un panorama
» avant tout. »

— « *Religieux !* J'ai lu le premier volume de ce
» roman. Pauvre d'invention. La scène de la caverne
» est imitée de *Jocelyn*. C'est l'éternel sophisme : Il y
» a des abus, donc la chose est mauvaise. Conclusion
» du particulier au général. Les éternelles redites
» du célibat qui doit être remplacé par le mariage,
» de l'enfer qui n'est pas éternel, de l'inquisition, de

» la grandeur du protestantisme, etc... Pauvre livre !
» Dangereux cependant. »

D'ordinaire il notait son appréciation, sur la marge
même du volume qu'il tenait à la main, dans un mot
court et précis.

Il jugeait non seulement les livres, mais encore les
hommes avec cette rapidité de coup d'œil. Nous
donnons ici le portrait d'un prédicateur qui a fait
bruit autrefois à La Rochelle et dont le public
nous permettra de taire le nom : « M. l'abbé X...
» est un homme bien élevé, d'un physique agréable
» et d'une régularité de vie exemplaire. Il parle bien,
» sa voix est sonore et ne lui fait jamais défaut. Sa
» parole est abondante, harmonieuse même, ayant
» de temps en temps des aperçus élevés, ne froissant
» jamais, et se tenant toujours dans des régions
» élevées. Ce qui lui manque, c'est la précision dans
» les idées ; sa pensée, sans être obscure, flotte
» cependant dans des contours indécis et vagues ; les
» traits ne sont pas assez saillants. »

Voici maintenant, dessinée en quelques coups de
crayon, une sorte de vue de Paris, pendant l'Exposition de 1878 : « Après quelques moments de repos,
» visite à l'Exposition. Ensemble grandiose. Toute-
» fois beaucoup de tristesse dans l'aspect général.
» Physionomies vulgaires, peu intelligentes. C'est
» la province qui donne.

» Pendant trois jours, j'ai arpenté cette même
» surface. Qu'ai-je vu ? *Les chrétiens dans le jardin
» de Néron*, tableau russe, le seul, à mon avis, qui
» ait une portée élevée. Quelques jolies statues ita-

» liennes. Notons, cependant, le groupe du Sacré-
» Cœur: La France est admirable de douleur et de
» confiance... »

Nous ne saurions affirmer que les quelques pièces
de vers trouvées dans ses papiers sont bien de sa
composition ; mais tout porte à le croire. Elles ne
portent aucune signature d'auteur, mais une simple
date qui semble se rattacher à un souvenir et traduire
un fait personnel, et nous ne nous rappelons pas les
avoir vues ailleurs. La plupart ont un caractère intime et remontent à l'époque de sa vie où nous
sommes parvenus. Qu'on nous permette d'en citer
seulement deux extraits :

> Gardez-vous bien de jamais croire
> Que mon cœur ne se souvient pas ;
> Autant que vous, j'ai la mémoire
> Des douces choses d'ici-bas !
> Bien des fois, déjà, dans ma vie,
> Des chagrins, hélas ! ont passé.
>
> . . . .
>
> Il est des choses qu'on regarde
> Comme mortes ; mais par bonheur,
> En revanche, il en est qu'on garde
> Comme un trésor au fond du cœur...

Et ces trois strophes, dédiées à un ami en pleurs,
dont la forme gracieuse revêt des pensées si conso-
lantes :

> Tu sais aimer, puisque tu pleures,
> Tu sais prier, puisque tu crois ;
> Il viendra dans tes sombres heures
> T'ouvrir les deux bras de sa croix.

> C'est peu de souffrir sans révolte,
> Sachons féconder chaque pleur.
> Aimons Dieu ! L'amour seul récolte
> Les fruits semés par la douleur.
>
> Peut-être que ta gerbe est mûre,
> S'il y tombe une larme encor ;
> Tu risquerais par un murmure
> De flétrir ses mille épis d'or !

Et n'y a-t-il pas un parfum agreste de poésie dans cette phrase qu'il écrivait de Salornay, alors qu'il avait sous les yeux le tableau des pampres jaunis par l'automne et chargés de fruits : « Savez-vous que » je voudrais bien vous faire admirer mon Mâconnais ! » Hier, je suis monté avec mon père dans les vignes. » Si vous aviez vu quel charmant spectacle ! Toute » la colline, dorée par le soleil couchant, les vendan- » geurs et vendangeuses courbés sur les ceps, les » chars ou s'entassaient dans d'immenses paniers les » grappes de raisin, et par-dessus tout les souvenirs » d'enfance qui peuplaient ces lieux... Comme j'étais » heureux !... »

M. Vaison tout entier est dans ce dernier mot : il n'était réellement heureux que lorsqu'il se retrouvait au pays natal !

Ce bonheur qui lui était si doux, ce mois de vacances qui le reposait si bien de ses fatigues, — repos d'autant plus nécessaire que tout le reste de l'année il était enchaîné à sa rude tâche, — il n'hésitait cependant pas à le sacrifier, lorsque la gloire de Dieu ou l'intérêt des âmes était en jeu. Ecoutez plutôt : « Monseigneur, arrivant de Saintes, me dit :

» Mon cher ami, il faut absolument que vous alliez
» prêcher la retraite des dames de la Providence de
» Saintes, qui vous réclament, au mois de septembre.
» Mon premier mouvement fut d'alléguer l'impos-
» sibilité de cette entreprise, à cause de mon voyage
» en Bourgogne ; mais la réflexion aidant, j'ai cru
» qu'il fallait accepter cette mission où je pouvais
» faire quelque bien. » Ce langage n'est-il pas celui
du bon prêtre, de l'homme de Dieu qui fait toujours
céder les préférences les plus légitimes de la nature
aux inspirations de la grâce !

Il imposait silence jusqu'à la voix de son cœur et
de ses souvenirs ; il résistait même à l'attrait du pays
qui lui était si cher : « Au fond, peu importe le lieu,
» le site, l'horizon ! Notre-Seigneur est tout cela
» pour nous : Il est la lumière, l'ombre, le repos
» pour l'âme qui le cherche. Continuons à ne cher-
» cher que lui et avec lui nous trouverons tout ! »

V

LA CATHÉDRALE

Au mois de décembre 1870, M. Thibaud, chanoine
titulaire, archiprêtre de la Cathédrale, terminait par
une sainte mort un long ministère, admirable de
piété, de régularité, de dévouement. Quelques semaines plus tard, la paroisse de la Cathédrale apprenait
sans surprise et accueillait avec froideur le nom de

son nouveau curé. Mgr Thomas nommait M. l'abbé
Vaison archiprêtre de la Cathédrale. On avait espéré
un prêtre du diocèse et un prêtre plus âgé. Le clergé
lui-même laissa percer quelque mécontentement,
oubliant qu'un diocèse n'est pas une coterie fermée,
mais un champ d'action ouvert à tous les dévouements, d'où qu'ils viennent. Cette nomination venait
à propos pour infirmer l'erreur de ceux qui seraient
tentés de ne voir, dans un poste élevé, qu'une ré-
compense accordée à l'ancienneté et qui semblent
croire que la vertu et le mérite sont l'apanage exclusif
de l'âge mûr.

Hâtons-nous de dire cependant qu'il y eut de nombreuses et marquantes exceptions. Parmi les lettres
de félicitations que reçut de tous côtés le nouveau
curé de la Cathédrale, il en est quelques-unes qui lui
apportaient l'expression d'une joie sincère et d'une
vraie sympathie. Elles sont signées des noms les plus
connus et les plus respectés de notre clergé : « C'est
» bien fait quand le lapidaire, habile à discerner et à
» choisir les diamants, sait aussi les enchâsser avec
» art. Vous y applaudiriez, comme moi, si vous
» n'aviez sur les yeux le bandeau de la modestie. »

— « Je vous félicite bien sincèrement de votre
» nomination à la Cathédrale, ou plutôt je félicite la
» paroisse du choix qu'a fait Monseigneur. »

— « Je vous offre mes félicitations avec d'autant
» plus de plaisir que votre nomination me semble
» indiquer l'abandon de cette déplorable idée : qu'il
» faut avoir 60 ans pour occuper un poste im-
» portant. »

Et un prêtre de beaucoup d'esprit lui écrivait avec sa verve accoutumée : « Vivent Dieu, Monsei-
» gneur et notre nouveau chef de file ! Je ne peux
» mieux répondre que par ces mots à la nomi-
» nation que vient de faire Sa Grandeur. D'après
» ce qu'elle m'avait dit de flatteur à votre endroit
» et sur votre tact, votre mesure, votre esprit
» et votre cœur, lors de mon dernier voyage à La
» Rochelle, j'avais deviné vos futures destinées...
» Vous vous trouvez fixé au milieu d'une population
» intelligente et qui, par conséquent, vous sera
» profondément sympathique. Je me réjouis pour
» vous de tous ces avantages, mon cher archiprêtre,
» et applaudis d'avance à vos succès. »

M. l'abbé Duchène, son ancien supérieur du petit Séminaire, heureux et fier de la marche ascendante de son élève, se fait l'interprète des sentiments du clergé d'Autun en apprenant cette nouvelle, tout en rappelant de nouveau que toujours les épines sont cachées sous les roses : « Je vous offre aussi mes
» vœux et d'autant plus sincères que la nouvelle
» position que Monseigneur vient de vous confier,
» demandera de vous de plus grands sacrifices, un
» plus entier dévouement à l'Église. Je pourrais vous
» féliciter comme fait le monde, mais j'aime mieux
» vous dire que je sympathise à vos soucis. Votre
» joug n'a pas été allégé, mais le Seigneur viendra à
» votre aide. »

Mgr Perraud l'encourage dans cette voie nouvelle : « Voilà une grande charge sur vos épaules ; mais
» avec la grâce de Dieu, la mission de votre digne

» Évêque et votre dévouement aux âmes, vous le
» porterez avec courage et succès. »

Une dernière citation résume dans deux textes
latins toutes ces pensées : « *Lætatus sum in his quæ*
» *dicta sunt mihi! — Frater, non alleviasti onus*
» *tuum, sed bene tibi erit.* »

M. Vaison oublia le premier, dans les sollicitudes
d'un ministère où il se retrouvait enfin lui-même, les
quelques préventions que sa nomination avait fait
naître, et les fit bientôt oublier. Son discours sur
la souffrance, le jour de son installation, fut un
triomphe ; ses auditeurs ne purent entendre qu'avec
émotion et reconnaissance le remarquable portrait
de son prédécesseur. L'Évêque ravi donnait libre
cours à sa joie paternelle et se promettait la gratitude
de la paroisse. « Elle ne tardera pas, disait-il, à com-
» prendre que je lui ai fait un gracieux cadeau, en
» lui donnant un tel pasteur. » La prophétie s'est
réalisée. Mgr Thomas ne donnait pas à un prêtre
quelconque une grande et belle paroisse, mais à une
grande et belle paroisse il donnait un prêtre digne
d'elle et capable de la servir.

M. Vaison se considéra comme envoyé par Dieu
à sa famille paroissiale, et il ne voulut rien réserver
de lui - même ; il se livra tout entier. Le jeune
prêtre comprit et exerça sa sublime paternité ;
l'étranger devint l'ami, et celui que la bienveillance
de son Évêque avait désigné fut accepté sans réserve
par la paroisse édifiée et confiante désormais. Juste
appréciateur des qualités du prêtre et seul respon-
sable de son choix, l'évêque avait bien jugé et bien

choisi. Nous ajoutons que le jeune archiprêtre resta fidèle à sa vertu de prédilection. Quelques années plus tard, en 1885 et en 1887, Monseigneur l'Évêque d'Autun vit échouer les plus flatteuses instances devant cette modestie que ne purent émouvoir ni les attraits du pays natal, ni la haute situation où l'appelaient les administrateurs et le clergé d'un diocèse aimé. « Les instances de Mgr Perraud sont » très gracieuses et vous honorent beaucoup. Mais » je pense, comme les deux sages conseillers dont » vous avez demandé l'avis, que vous devez nettement » refuser. » Ce fut la conclusion des démarches faites en 1885 pour le rattacher au diocèse d'Autun.

Quand, en 1887, une nouvelle tentative vint solliciter, plus pressante encore et plus séduisante, son cœur de fils, de frère et d'ami, il se contenta d'écrire à celui de ses conseillers dont l'avis avait dicté le refus de 1885 : « Monseigneur, afin d'être » plus tranquille au point de vue de la conscience, » je me suis mis à la disposition de Monseigneur » d'Autun, en lui demandant toutefois de peser trois » choses... On me demande quel serait votre avis. Je » ne sais pas si je me trompe, Monseigneur, mais » votre avis n'a pas dû changer depuis deux ans. » Veuillez me dire si vous m'autorisez à l'invoquer, » puisqu'on désire le connaître. »

Le résultat de ces nouvelles démarches fut un refus, comme celui des premières. Monseigneur d'Autun ne pouvait insister davantage. Retranché dans sa conscience, M. Vaison s'en tenait absolument à la décision de ses conseillers autorisés.

L'Évêque voulut, dans un mot charmant, consigner sa propre défaite et la vertu de l'humble prêtre : « Mon bon ami, je constate avec regret qu'il y a en » moi plus d'amour que de puissance. Cependant, » tout mon conseil, tout le clergé vous désirait. »

Quelques années plus tôt, en 1878 (il avait à peine 40 ans), des ouvertures sérieuses lui furent faites par un personnage influent pour l'engager à l'acceptation en principe d'un des premiers évêchés de France : elles le trouvèrent préoccupé, comme toujours, de connaitre la volonté de Dieu à son endroit et résolu à ne prendre d'autre décision que celle de ses supérieurs. Nous avons eu sous les yeux les lettres flatteuses qui lui avaient été écrites dans ce sens et sa réponse, où il remerciait affectueusement son correspondant et déclinait toute candidature, se refusant à entrer dans des combinaisons ou des démarches qui ressembleraient à une intrigue et auraient pour but d'influencer le jugement de l'autorité ecclésiastique. Il préférait, ajoutait-il, la vie modeste et plus en harmonie avec ses goûts du ministère paroissial à l'éclat, mais aussi à la charge, d'une administration diocésaine.

Dans ces diverses circonstances, l'archiprêtre de la Cathédrale pense, parle et agit comme le vicaire de Saint-Vincent de Châlon, vingt ans plus tôt. Il n'est pas téméraire d'affirmer qu'en prenant possession de sa paroisse, M. Vaison obéissait au directeur de sa conscience. Nous en avons pour garant le prêtre distingué du diocèse d'Autun, son confident intime, qui, à la date du 30 décembre 1870, avant la

nomination officielle du curé de la Cathédrale, lui
écrit: « Bien cher en Notre-Seigneur, j'avais appris,
» depuis quelque temps, votre promotion au cano-
» nicat. C'était un bénéfice simple qui avait pour
» vous des avantages et peu d'inconvénients. La
» charge qui vous est proposée aujourd'hui se
» présente sous un aspect tout différent. La nature
» peut avoir son langage, la grâce a aussi sa parole
» sévère. Ce n'est pas que je pense que vous deviez
» refuser d'incliner vos épaules sous ce redoutable
» fardeau. Je crois plutôt que cela vous fait rentrer
» dans votre véritable vocation et qu'il faut accepter,
» si Monseigneur persiste dans son dessein. Seule-
» ment, élevez votre cœur bien haut et ne permettez
» pas qu'il soit touché par la plus petite considération
» humaine. Ne voyez que la charge afin de vous
» dévouer à un travail généreux et continu. Le
» ministère pastoral aujourd'hui demande de vérita-
» bles apôtres, car nous n'avons pas seulement à
» cultiver le champ, il faut défricher, il faut con-
» vertir! Priez Dieu d'envoyer de pareils ouvriers et
» offrez-vous à lui pour être un de ces travailleurs
» désintéressés et intrépides, ne cherchant que les
» âmes et foulant tout le reste aux pieds. Nos vœux
» vous accompagnent dans ce travail sublime. Puis-
» siez-vous y apporter les vertus des saints, ou, si
» vous ne les avez pas encore, les acquérir et les
» fortifier dans votre âme par le ministère qui vous
» est offert. Vous voyez ma pensée: Abandonnez-
» vous à la divine Providence et faites avec courage
» tout ce qui peut sauver des âmes. »

Mais c'est toujours l'austère leçon du devoir qui se
fait entendre par cette voix si écoutée : « Vous voilà
» donc au milieu de toutes les occupations, tous les
» labeurs et toutes les sollicitudes de la vie pastorale !
» Notre-Seigneur qui vous a imposé le fardeau vous
» donnera la force de le porter ; et, selon la pensée
» de saint Jérôme, vous trouverez votre propre
» salut dans les efforts que vous ferez pour procurer
» celui des âmes qui vous sont confiées. Combien je
» désire que votre ministère soit béni et que votre
» moisson soit abondante ! » Et comme s'il avait eu
l'intuition de l'avenir, pressenti le malheur qui
devait nous frapper si tôt, le saint prêtre ajoutait :
« Vous pouvez entrevoir de longues années de travail
» et cependant nous sommes avertis de ne pas trop
» compter sur l'avenir. Le Prince des pasteurs peut
» venir à toute heure ; ce n'est pas toujours au plus
» ancien qu'il s'adresse. »

Nous ne nous lassons pas de citer les précieux
conseils que M. Vaison eut le bonheur de recevoir et
la prudence de suivre dans le ministère si difficile
pour lui de la Cathédrale de La Rochelle. Un guide
sûr lui ouvrait la voie, il la suivait : « Que votre
» travail soit toujours bien surnaturel et bien humble,
» ne cessait de lui répéter son excellent directeur.
» C'est l'œuvre de Dieu que vous accomplissez, la
» nature n'a rien à y voir. Combien de jeunes prêtres
» se sont tristement rendus inutiles parce qu'ils ont
» voulu faire par eux et pour eux-mêmes ce qui ne
» devait être fait que pour Dieu et ne pouvait être
» accompli que par sa grâce ! » Ces idées étaient

celles de M. Vaison ; il ne comprenait pas autrement le ministère pastoral. Est-il étonnant qu'il n'ait jamais consenti à assumer la responsabilité des décisions qui intéressaient le plus directement sa vie sacerdotale? Toujours en défiance contre lui-même, dès qu'un avantage lui est offert, il écarte d'abord son propre jugement, que la nature pourrait égarer, et il se répète : Je dois faire l'œuvre de Dieu, qui ne peut être accomplie que par sa grâce.

Les premiers résultats de cette prudente conduite ne tardèrent pas à se manifester. La parole du pasteur toujours goûtée, le zèle de la maison de Dieu toujours ardent, le soin des âmes infatigable et empressé éveillaient les sympathies, encourageaient la confiance et multipliaient les témoignages de gratitude.

VI

LA PRÉDICATION ET LES CATÉCHISMES

Lors de sa nomination au vicariat de Saint-Vincent de Châlon, M. Vaison recevait de son ancien supérieur du grand Séminaire d'Autun ce conseil de père et d'ami : « Préparez-vous, par l'étude et par la » vie intérieure, à rendre aux âmes tous les services » qu'elles sont en droit d'attendre du prêtre. » Plus tard, le jeune secrétaire de Mgr Thomas, entendait de nouveau cette recommandation : « C'est un bien » pour vous que l'étude soit devenue une nécessité...

» Votre nature est ardente, affectueuse ; elle se
» porte facilement au dehors et se livre volontiers.
» Il faut presque la mettre en prison pour la rendre
» sage et vous forcer à recommencer vos classes.
» Lorsqu'on est à côté d'un Évêque, il faut savoir
» beaucoup et surtout il faut savoir bien. Du reste,
» si vous voulez réussir dans toutes les prédications
» qui vous sont offertes et presque imposées, vous
» avez besoin d'étudier. Il vous faut dix ans d'études
» sérieuses ; après cela, vous verrez vous-même ce
» que vous aurez gagné et combien vous seriez
» devenu pauvre sans cette ressource inattendue. »

Et lorsque son fils spirituel d'autrefois est nommé
curé de la Cathédrale de La Rochelle, celui « dont
» le cœur le suivait partout avec sollicitude, et qui,
» après avoir été le père, ne cessa jamais d'être
» l'ami », lui écrit encore : « Votre vie désormais
» doit trouver un grand aliment dans l'étude » ; et il
insiste pour qu'il recommence ses classes « à un
» point de vue plus élevé. Les grands théologiens,
» les canonistes, les Pères, seront une compagnie un
» peu sévère d'abord, mais peu à peu elle deviendra
» douce. »

M. Vaison comprit dès le début de son ministère
paroissial la nécessité de l'étude, et guidé par les
conseils paternels qu'on vient de lire, il s'y livra
avec toute l'ardeur de son caractère et la vivacité de
sa foi. Nous lisons dans son règlement de vie sacerdotale, au chapitre III, *Études :* « Toute la matinée
» sera consacrée exclusivement aux sciences ecclé-
» siastiques ou à la composition des instructions et

» des catéchismes. — Ces études devront se faire
» comme au Séminaire : prières avant et après, et
» le crucifix sur mon livre, afin de penser à élever
» mon cœur à Dieu. »

M. Vaison resta fidèle à ces deux points de règle
toute sa vie, et la compagnie qu'on lui recommandait
si instamment lui devint, en effet, si douce, que
l'amour de l'étude lui suggéra un jour cette réflexion:
« C'est égal ! Plus je vieillis, et moins je me sens
» porté vers ces réunions qui, sans être mondaines,
» ne valent pas une heure de bibliothèque. »

Pendant les derniers mois, alors que la plume
tremblait entre ses mains, il s'astreignait encore à
cette existence laborieuse, à ce travail de chaque
jour. Les manuscrits qu'il a laissés formeraient
plusieurs volumes.

Il transcrivait les pages les plus intéressantes qu'il
rencontrait dans les meilleurs auteurs et les faisait
suivre souvent de ses impressions personnelles. C'est
ainsi que, pour se mieux pénétrer de la nécessité de
l'étude, après avoir cité l'exemple de ces travailleurs
opiniâtres dont l'antiquité nous a légué les noms, le
philosophe Carnéas, Caton le jeune, Varron, Cléan-
the et quelques autres, il ajoutait : « Si telle a été
» l'ardeur de ces hommes pour acquérir une science
» purement humaine, quel ne doit pas être notre
» zèle pour acquérir la connaissance des choses divi-
» nes et pour procurer notre salut ! et combien notre
» négligence et notre lâcheté seront condamnées par
» leur ardeur ! »

Et c'est aux vraies sources qu'il allait puiser, dans

les grands théologiens, les canonistes et les Pères.
Il les étudiait dans le texte et en extrayait la sève et
la moelle pour ses instructions si solides et si
appréciées. Il avait si souvent entre les mains les
œuvres de saint Thomas et les commentaires de
Cornelius a Lapide, que les volumes, à force d'avoir
été lus et feuilletés, sont presque hors d'usage.

Sa méthode de travail était fort simple : par la
méditation et l'étude, il élucidait dans son esprit les
vérités et les devoirs qu'il avait à expliquer, et, par
des lectures choisies, il était arrivé à posséder cette
pureté de forme et cette aisance de diction, auxquelles
le goût athénien lui-même de son auditoire, comme
disait autrefois Mgr Landriot, n'avait rien à re-
prendre.

Il avait le respect et le soin de la parole de Dieu.
Si l'improvisation de la forme lui paraissait offrir
plus d'avantages en donnant plus de naturel au
style et de chaleur au débit, il n'admit jamais l'improvisation totale. La trame de ses discours est
longuement préparée et étudiée. Après chacune de
ses instructions, il pouvait, ce qu'il a fait pour un
grand nombre, les fixer de mémoire avec la forme
que l'improvisation leur avait donnée. Si parfois il se
contentait de jeter quelques notes sur le papier avant
de monter en chaire et de dessiner son plan avec ses
principales idées, le plus souvent il écrivait tout au
long ce qu'il devait dire, avec la sobriété et la netteté
qui lui étaient propres ; observant scrupuleusement
le sage conseil de son mentor du grand Séminaire :
« Ne consentez jamais à parler sans une préparation

» sérieuse. Écrivez beaucoup, mais sans vous as-
» treindre à apprendre par cœur ce que vous aurez
» écrit. »

Nous avons trouvé, sur un grand nombre de
feuilles, de simples avis destinés à être donnés
en chaire et rédigés avec le plus grand soin, des
annonces de fêtes, d'ouverture du mois de Marie
par exemple, où le mot du cœur et de la piété, la
pensée chère et délicate du pasteur relevait la
sécheresse et la monotonie de la formule ordinairement employée.

On ne sera donc pas surpris, après une telle
préparation, du succès de cette parole claire et
opportune, châtiée et élégante, dont les flots limpides
et pressés coulaient de ses lèvres comme d'une source
d'eau vive. Et pourtant, sévère pour les autres, il
l'était encore plus pour lui-même, et s'il exprimait
parfois, même vis-à-vis de ses meilleurs amis, des
critiques qui pouvaient paraitre rigoureuses, il se
jugeait lui-même sans pitié et notait après coup les
imperfections de ses propres discours.

En même temps que sa parole instruisait et formait
à la vie chrétienne les ainés de sa famille paroissiale,
M. Vaison consacrait aux plus jeunes, aux Benjamins
de son cœur, des soins plus dévoués et plus tendres
encore.

L'œuvre des Catéchismes fut et resta jusqu'à la fin
de son ministère son œuvre de prédilection et son
triomphe le plus incontesté. Il avait éminemment
les qualités qui rendent particulièrement apte à instruire et à gouverner l'enfance : il savait éveiller

l'attention de ce petit monde et rendre accessibles à son jeune auditoire les vérités les plus obscures, par la clarté de l'exposition, des comparaisons ingénieuses, des traits d'histoire bien appliqués. Ses catéchismes étaient si intéressants, que les mères et les sœurs avaient pris l'habitude d'y assister, et si instructifs, que la paroisse de la Cathédrale doit surtout à ses leçons comme à ses exemples le grand nombre d'âmes fidèles, vaillantes et généreuses qu'elle compte aujourd'hui dans son sein. Et ceux-là mêmes, qui n'ont pas persévéré dans la voie indiquée, ont conservé du catéchiste d'autrefois le souvenir qu'on garde de l'apparition d'un homme revêtu du double prestige de la science et de la vertu. Parmi ces générations d'enfants, élevés par lui depuis dix-sept ans dans la foi chrétienne, et qui s'étaient habitués à vivre sous son regard, la triste nouvelle de sa mort produisit l'impression et provoqua la douleur d'un deuil de famille.

Mais ici encore, avant de porter la parole devant son auditoire d'enfants, le catéchiste avait écrit. Des feuilles, intercalées dans le livre du maître, sont chargées de notes et de souvenirs, et des cahiers spéciaux consacrés à cette étude préparatoire.

On a le tort de croire généralement qu'il suffit, pour parler devant une assemblée, d'en savoir un peu plus qu'elle. C'est une erreur profonde. Il faut lui être bien supérieur, si l'on veut parler son langage et se faire comprendre. Le catéchiste doit savoir beaucoup et très bien pour enseigner utilement les enfants. De là, le travail que M. Vaison

s'imposait chaque jour, en vue de ses instructions
pastorales et de l'enseignement du catéchisme. Dans
les entretiens qu'on doit avoir avec ces petits, dont
l'intelligence neuve et tendre garde si facilement les
impressions, rien n'est plus important que la clarté
des paroles et la précision de la doctrine. Incapables
d'efforts pour comprendre, les enfants veulent saisir
la vérité dans les mots qu'ils entendent et non dans
les raisonnements plus ou moins subtils qu'on leur
fait. Or ceux-là seuls s'expriment bien, qui conçoivent
clairement. Comme il se l'était promis au grand
Séminaire, M. Vaison travaillait « pour Dieu et pour
l'Église. » C'était l'application de ce point de règle :
« Je préparerai solidement mes catéchismes et mes
» instructions, afin d'instruire les enfants et les
» fidèles. Je regarderai ce point comme capital. »

De ce travail consciencieux, il résulta d'abord un
goût très marqué des paroissiens de la Cathédrale
pour la parole de leur curé, et bientôt une grande
confiance dans la sagesse de sa direction.

VII

DIRECTION DES AMES. — RÈGLEMENT DE VIE. DÉVOTIONS PARTICULIÈRES.

On a dit que le ministère des âmes est de tous le
plus difficile comme le plus sublime. C'est la parole
de saint Grégoire : *Ars artium, regimen ani-
marum*. Ce gouvernement suppose, en effet, chez

celui qui l'exerce, un esprit clairvoyant, un jugement sûr, une volonté ferme, une discrétion à toute épreuve ; chez la personne dirigée, une confiance absolue et une entière soumission.

M. Vaison réunissait à un rare degré l'ensemble des qualités qui font le directeur éclairé et prudent. Il y joignait la sûreté et la précision de la doctrine.

Si l'on veut se rendre compte de la haute idée qu'il avait du ministère de la direction des âmes, il suffit de lire les considérations que nous trouvons écrites de sa main sur un mot de saint Jean Chrysostome, parlant de la beauté des âmes rachetées du sang de Jésus-Christ :

« En toutes choses, disent les saints Pères, la » beauté c'est l'harmonie ; et la beauté de l'âme, en » particulier, c'est la symphonie de ses facultés : » *Rei cujusque pulchritudo est concinnitas ; decor* » *animæ potentiarum ejus symphonia.*

» Saint Chrysostome semble indiquer le but de » l'éducation par cette belle et profonde parole : « Nous devons harmoniser notre âme de telle sorte » qu'elle n'ait pas de sons discordants. Combien » d'âmes dont les facultés ne sont point équilibrées, » et ressemblent aux roues de chars qui marchent en » criant ! Elles avaient peut-être tous les éléments » d'un caractère tempéré ; mais leur éducation a été » manquée, et elles demeurent à l'état d'instruments » mal accordés, qui fatiguent les oreilles. Quelle » douce joie, au contraire, et d'autant plus douce » qu'elle est rare dans la vie, de rencontrer de ces » âmes où tous les éléments de bien sont fondus dans

» une juste proportion, où chaque corde de l'intelli-
» gence et du cœur a une résonance spéciale et
» ordonnée dans l'ensemble ! Heureux caractères dont
» chaque fibre conserve sa vibration et dont la résul-
» tante est une harmonie : *Omnia sonum suum*
» *habent.* » Belle parole empruntée à nos livres saints
» et qui convient merveilleusement à ce sujet, si
» grave et si délicat. Oui, chaque âme a un son et
» doit avoir un son particulier comme l'instrument
» de musique, et pour peu qu'on ait l'oreille atten-
» tive en ce monde, on distingue le son des âmes, on
» les touche et elles vibrent, et quelquefois elles
» vibrent alors que tout parait silencieux en elles.

» Où sont les âmes qui aiment le son divin, et dont
» on peut dire cette autre parole de l'Écriture : « On
» obtient, en les faisant résonner, de douces et divines
» modulations : *In sono eorum dulces fecit modos.* »

» Que les modulations de ces âmes sont mer-
» veilleuses, qu'elles sont variées et délicates ! Et
» cependant ce son est toujours le même, toujours
» divin.

» Les âmes doivent toujours conserver un son
» joyeux, c'est celui de la vertu. L'homme de la terre,
» étourdi par les bruits de la foule et blessé par toutes
» ces flèches, qui se promènent dans l'air vicié,
» l'homme de la terre doit être triste souvent ; mais
» l'âme vraiment chrétienne a toujours une corde
» céleste avec un refrain joyeux. Tels ont été la dis-
» position générale, le tempérament, et, si j'ose le
» dire, la sonorité habituelle des saints. Il y avait
» toujours en eux une vibration pure et sereine ;

» leur âme était une lyre pacifique en mouvement,
» et l'oreille qui les approchait distinguait facilement
» ces ondulations calmes et joyeuses qui se prolon-
» geaient à travers les nuages tristes et froids et les
» humides vapeurs de ce monde. N'est-ce pas ce que
» voulait dire saint François de Sales, quand il
» recommandait de tenir toujours son âme en *pos-*
» *ture de suavité*, ou bien qu'il s'écriait : « Je ne
» sais comment les âmes qui se sont données à la
» divine bonté ne sont pas toujours joyeuses ?... Moi,
» je voudrais que nous chantassions partout ! »

Et il savait faire vibrer les âmes, toucher, sans le troubler, le clavier de ce pauvre cœur humain dont il connaissait les cordes. Lui-même harmonisait la sienne et cherchait à la mettre d'accord avec les conseils de la perfection évangélique.

M. Vaison savait ce qu'il en coûte pour garder la sérénité de son âme, au milieu des épreuves et des tentations de chaque jour. Il disciplinait sa volonté et la pliait aux exigences qu'il s'était librement imposées. Son réglement de vie sacerdotale pourrait être proposé comme un modèle et ne restait pas à l'état de lettre morte.

Il vivait de cette vie dont il écrivait à une de ses pénitentes : « Rappelez-vous ce mot des saints : *Qui vit de la règle vit de Dieu*.

« L'expérience et la raison démontrent que, sans
» l'observation d'une règle, on ne peut pratiquer
» l'obéissance, l'humilité ou l'abnégation, les trois
» vertus fondamentales de la perfection chrétienne.
» — L'observance fidèle d'un réglement conduit

» infailliblement à la pieuse pratique de faire toutes
» ses actions par un principe et des motifs surnatu-
» rels, car on ne conçoit pas la possibilité d'observer
» dans le monde, fidèlement, ponctuellement et
» constamment, une règle de vie, sans le désir et
» l'habitude d'agir pour Dieu et d'une manière sur-
» naturelle. » — « Si l'on sent la nécessité d'une
» règle au Séminaire, à plus forte raison dans le
» monde, exposé que l'on est aux occasions les plus
» délicates et aux tentations de toutes sortes. La
» règle sera comme une sauvegarde au milieu de ces
» dangers. » — « Sans règlement de vie, il n'y a pas
» de science pour le prêtre, et le prêtre sans science
» est au moins aussi nul et aussi pernicieux que le
» prêtre sans vertu. »

Ajoutés à l'exemple de Notre-Seigneur, « qui a
» toujours observé la volonté de son Père, et des
» saints, qui n'ont qu'une voix pour préconiser la
» règle comme le moyen le plus excellent d'avancer
» dans la vertu », tous ces motifs engagèrent M. Vaison
à se faire une obligation rigoureuse du règlement de
vie qu'il s'était tracé.

Au bas de ces pages, nous lisons la signature de
M. Picard, le digne supérieur du grand Séminaire
d'Autun, qui les a revêtues de son approbation, en y
rappelant ce mot de saint Paul comme un encoura-
gement : *Labora sicut bonus miles Christi Jesu.*

Ce règlement, M. Vaison l'a suivi avec une scru-
puleuse fidélité pendant les vingt-quatre ans de son
sacerdoce. Tout y est prévu. Il fallait cet ordre et
cette distribution intelligente des heures pour suffire

aux œuvres qui réclamaient ses soins, à la préparation de ses prônes, et à l'extraordinaire somme de travail qu'il a réalisée. Les témoignages sont unanimes à constater l'énergie de volonté qu'il lui a fallu pour s'y astreindre.

Comme au grand Séminaire, il a conservé la douce habitude « d'offrir son cœur à Dieu, au premier » moment de son réveil, de demander la bénédiction » de la sainte Vierge et de son bon ange, et de s'en- » dormir le soir dans une pieuse pensée. » Comme au grand Séminaire encore, il est fidèle à l'oraison du matin, à la visite quotidienne au Saint-Sacrement, à l'examen particulier, à la lecture spirituelle, à la retraite du mois.

Sa méditation « durera une demi-heure au moins. » Elle devra se faire ordinairement dans sa chambre » ou dans un lieu isolé. La préparation à la messe » devra, au contraire, se faire à l'église, et il lui » consacrera un quart d'heure. Pour réussir dans » l'oraison, dit-il, je serai fidèle aux deux moyens » qu'on nous a conseillés au Séminaire : la préparer » fidèlement la veille et la faire suivant la méthode » ordinaire. »

Il apportera « tous ses soins à la récitation recueil- » lie du saint office. » Il fera « converger vers la » sainte messe toutes ses pensées et toutes ses » actions, soit comme actes préparatoires, soit comme » actions de grâces ». Il veillera « à la dire selon » toutes les règles de la liturgie et à éviter toute » profanation matérielle. Son action de grâces sui- » vra immédiatement et se prolongera un quart

» d'heure au moins. » Elle se fera « à l'église et
» d'après l'esprit de la fête du jour ou du temps où
» l'on se trouve. »

La visite au Saint-Sacrement « sera toujours suivie
» d'une visite à la sainte Vierge, où je prierai aussi
» saint Joseph, saint Jean et mes autres patrons »,
ajoute-t-il aussitôt. C'étaient là ses dévotions particulières.

En récitant son chapelet, il méditera « sur les
» mystères joyeux, douloureux et glorieux, sans
» s'écarter habituellement de cet ordre. »

Il établit une différence entre l'examen particulier
et l'examen de conscience, qui « seront distincts et
» quant au temps et quant à la nature. Le premier
» se fera ordinairement pendant la visite au Saint-
» Sacrement, sur tel ou tel sujet, comme, par
» exemple, la dévotion à la sainte Vierge, l'humi-
» lité, la mortification ; le second, ordinairement,
» après la prière du soir et aura pour objet les pen-
» sées, actions ou paroles de la journée, en suivant
» l'ordre chronologique. »

Sa confession hebdomadaire « sera toujours simple
» et parfaitement intègre, même dans les plus petites
» circonstances. » Après sa grande retraite, il fera
dans sa confession « une revue générale de l'année ».

Enfin il tâchera « de n'avoir en vue, dans l'admi-
» nistration des sacrements, que la gloire de Dieu et
» le salut du prochain. Et comme moyen général qui
» devra dominer toute sa vie, il sera fidèle à se tenir
» en la sainte présence de Dieu. »

Il se livrait à ses exercices de piété, non par

manière d'acquit, mais de tout cœur et avec la résolution d'en profiter, témoin cette lettre qu'il écrivait le 4 septembre 1876 : « Quoiqu'il n'y ait » pas de mondanité à correspondre avec vous, même » pendant une retraite, je tiens à vous envoyer ma » réponse aujourd'hui, avant l'ouverture, afin de » mieux accomplir le précepte de saint Bernard : » demeurez seul. »

Il disait encore un peu plus loin : « J'imagine bien » que vous allez avoir quelques bons *Ave Maria* à » m'envoyer pendant cette retraite. C'est un droit » auquel je ne renonce pas volontiers ; » et il terminait par cet aveu d'humilité : « Maintenant , je vous » laisse et je vais me plonger dans cette retraite, . » comme dans un bain qui m'est nécessaire. Puisse » Notre-Seigneur faire en moi ce qu'il reste à faire ! » Hélas ! tout est à faire. »

Il résumait fidèlement dans ses cahiers de retraite les sermons entendus et reproduisait presque textuellement les passages qui l'avaient le plus frappé.

En toute occasion, et en particulier dans ses instructions, il cherchait à inculquer aux âmes les trois grandes dévotions dont il était lui-même animé : la dévotion au Saint-Sacrement par l'assistance à la messe et la visite régulière ; la dévotion à la sainte Vierge par la récitation du rosaire ; la dévotion au Sacré-Cœur par l'exercice du chemin de la croix, où il déclare « avoir trouvé une grande source de grâces, » et les réunions de chaque premier vendredi. Il y ajoutait celles de saint Joseph, de son bon ange et des saints patrons.

Sa piété envers la sainte Vierge fonda cette œuvre tant aimée des paroissiens de la Cathédrale, dont l'éclat extérieur attire la foule et qui, par l'harmonie des chants, par l'impression d'une parole généralement éloquente, produit, chaque année, comme un renouveau dans les âmes.

Ce beau mois de mai lui rappelait les deux plus chères dates qui puissent marquer dans une vie humaine : sa première communion et son ordination à la prêtrise. Le souvenir de ces deux grandes grâces, ajoutées à tant de faveurs particulières, n'avaient fait qu'augmenter sa dévotion et son amour filial envers sa bonne Mère du ciel.

Il s'était fait un devoir bien doux de présider lui-même, chaque soir, pendant tout le cours de l'année, la récitation publique du chapelet. Il n'y manquait presque jamais et, dans bien des circonstances, il a sacrifié un voyage ou une sortie d'agrément à cette obligation qu'il s'était imposée. Par là, il avait réussi à grouper autour de lui une assistance des plus assidues.

M. Vaison avait pour but de s'entretenir par tous ces moyens « dans toute la ferveur de ses vertus » sacerdotales. » Il s'appliquait à réaliser en lui cette parole qui lui avait été dite au début de son ministère : « Vous savez que c'est dans le sacrifice et par » le sacrifice que notre âme trouve Dieu sûrement. » Lorsque la nature est satisfaite, il est bien à » craindre que nous ne rencontrions que nous-mêmes. » Et comme les sacrifices de la vie sacerdotale » doivent nous paraître légers lorsque nous songeons

» qu'à ce prix nous pouvons entrer en union avec
» Jésus-Christ, sauveur des âmes ! »

Nous avons vu que, tout jeune déjà, il envisageait courageusement le côté austère de la vie chrétienne. Cet esprit de mortification et de pénitence grandit avec lui et avec les difficultés de sa tâche ; il inspirait ses pensées et pénétrait ses actes à l'insu de tout regard. Cette nature qui paraissait si vivante, si joyeuse, si épanouie, était une nature mortifiée.

Il ne consentit jamais à supprimer ou seulement à atténuer le jeûne du Carême, au milieu des occupations et des fatigues que lui imposait le saint ministère, et malgré les instances de plusieurs de ses amis qui s'inquiétaient de ce qu'ils considéraient comme des imprudences : « Mon cher ami, disait-il à l'un
» d'eux, on ne veut plus souffrir ; la mortification
» fait peur non seulement aux laïques, mais aux
» prêtres. C'est à nous de réagir contre cette ten-
» dance funeste, à nous de donner l'exemple ! »

Une année que, sur l'ordre du médecin, il est obligé d'interrompre, vers la fin du Carême, ses austérités habituelles, il s'afflige de ce « qu'il ne peut plus
» jeûner. »

En 1874, il donna à la Cathédrale une instruction très remarquée où il réfuta plus particulièrement, à propos du jeûne, les objections que l'on fait valoir pour s'en dispenser : « Mon ami, vous m'avez fait du
» bien, ce matin, lui dit Mgr Thomas, je tiendrai
» compte de vos avis. »

Cet amour de la pénitence lui inspirait pour sainte Marie-Madeleine une dévotion toute particulière :

« Plus que jamais, écrivait-il, je me sens porté à
» aimer cette chère grande sainte. » Nous verrons
plus loin qu'il fit un pèlerinage à la Sainte-Baume
pour lui demander « ces larmes fécondes qui trans-
» forment les vies. »

Les fermes principes de direction qu'il s'appliquait
à lui-même, il aurait voulu en faire la règle de conduite des âmes qu'il dirigeait, et la sévérité qu'on
reprochait autrefois au jeune vicaire de Chàlon se
faisait encore jour dans certaines circonstances.
Parfois même il laissait percer une certaine rudesse.
Mais comme aussi il savait se faire doux avec les
faibles et unir la tendresse du père à l'austérité du
directeur ! Et alors, l'affection de son cœur, habituellement contenue, se déversait à flots sur les âmes
désireuses de revenir à Dieu ou d'avancer dans la
vertu, sans oublier jamais cette recommandation qui
lui avait été faite un jour : « Soyez un médecin plein
de miséricorde, mais aussi prudent et ferme. »

Il ne restait inflexible, dur même, qu'avec les
âmes dont les dispositions lui étaient suspectes, ces
âmes qui ne sont pas sincères avec elles-mêmes et
dont la vie est une inconséquence et une contradiction perpétuelle. Il avait presque du mépris, mêlé de
pitié, pour cette catégorie de personnes qui ne
donnent à Dieu que le temps qu'elles ne peuvent
donner au monde. « Les mondaines, écrit-il avec sa
» spirituelle ironie, empêchées par les frimas qui se
» font sentir, reviennent peu à peu à l'église. C'est la
» saison du bon Dieu qui va commencer. » Et il
ajoutait avec le sentiment de douleur qui fait place à

l'indignation dans l'âme du prêtre : « Pauvres
» femmes ! Tristes chrétiennes ! »

Mais lorsqu'on venait en toute simplicité de cœur
et en toute droiture d'intention s'humilier à ses pieds,
il avait alors toutes les miséricordes du représentant de Jésus-Christ. Entre lui et ces âmes ne
tardait pas à s'établir une véritable intimité chrétienne, des relations de paternité et de filiation spiri-
tuelles. Il les aimait au point de se sacrifier pour
elles, et lorsqu'il ne pouvait rien obtenir par ses
conseils réitérés et ses exhortations pressantes, il
répandait devant Dieu plus que des prières, plus que
des larmes.

Ici nous n'exagérons rien, et le cher défunt nous
pardonnera cette indiscrétion, mais il faut qu'on le
sache pour l'honneur de sa mémoire et l'édification
des âmes. Ce prêtre, qui avait presque toujours le
sourire aux lèvres, qui passait dans le monde, et
avec raison, pour un homme à idées larges, se sou-
mettait aux plus rudes pénitences. Une discipline
ensanglantée, qu'on a trouvée après sa mort et que
son confesseur a emportée comme une relique,
témoigne éloquemment en faveur de cette affirmation.
Il y avait en M. Vaison le côté humain, qui se révé-
lait devant le public par les saillies d'un esprit fin,
légèrement caustique, par une attitude toujours
réservée ; dans l'intimité par les épanchements d'une
âme profondément aimante, sous une apparence un
peu froide au premier abord ; mais il y avait un
autre côté beaucoup moins connu, le cœur indulgent
et bon pour la faiblesse humaine, qu'il raillait sans

amertume, le prêtre sérieux et austère pour lui-
mème, qui veillait à réprimer jusqu'aux plus légers
écarts de sa nature primesautière et ardente. Notre
notice fera connaitre M. Vaison sous son vrai jour.

Il étudiait longtemps les âmes, avant de se pro-
noncer sur les qualités ou les défauts auxquels il
devait appliquer sa direction. A partir du jour où il
constatait de leur part une sincère bonne volonté
il leur portait un intérêt profond et persévérant :
« J'ai été bien touché, ma chère enfant, de la con-
» fiance absolue que vous m'avez vouée. Je vous en
» remercie, et je vous assure que je ferai tout pour
» m'en rendre digne et pour vous aider dans la
» réalisation de l'idéal divin que vous poursuivez.
» Est-il besoin de dire que mon intérêt et mon
» affection sont en rapport direct avec cette con-
» fiance ? »

Une de ces âmes naïves et saintes, comme on en
trouve trop peu dans le monde, lui avait écrit une
lettre, où elle entrait sans doute dans une minutieuse
description dont elle redoutait l'impression fâcheuse
sur l'esprit de son directeur : « J'ai lu avec le plus
» vif intérêt, ma chère enfant, lui répond-il aussitôt,
» tous les détails que vous me donnez dans votre
» bonne et longue lettre, et le sourire n'a pas un
» instant plissé mes lèvres. Un père, faut-il donc
» vous l'apprendre, est attentif à tout, s'intéresse
» aux moindres détails. Les augures ne cherchaient-
» ils pas à deviner l'avenir dans le vol des oiseaux ?
» Pourquoi donc nous, ministres de la vérité, ne
» chercherions-nous pas à lire dans les yeux de nos

» pauvres malades, dans leur sommeil, dans leur
» fatigue, où ils en sont et ce que sera pour eux
» l'avenir?

» Je voudrais bien, hélas! apercevoir un peu de
» bleu dans votre ciel, mais je n'y vois guère que de
» sombres nuées. Il est vrai que, d'après la bienheu-
» reuse Emmerich, le jour de la passion de Notre-
» Seigneur, il faisait un temps sombre et gris; la
» nature avait voulu prendre un voile de tristesse
» pendant que souffrait son auteur. Mais au-dessus
» du ciel des nuages, il y a un autre ciel, et celui-là,
» je l'espère, n'est pas voilé pour vous. »

Il avait des tendresses paternelles et de ces réflexions courtes, mais fortes et incisives, qui conso-
lent et relèvent. Deux ou trois extraits, pris au
hasard dans les quelques lettres que nous possédons
de lui, donneront à nos lecteurs une idée de son
genre épistolaire.

« Continuez, ma chère enfant, à aller tout *belle-
» ment*, comme dit le gracieux saint François de
» Sales, à travers les découragements, les tristesses
» et les joies de la vie. Avez-vous lu l'Evangile de
» dimanche dernier? Quelle confiance il a dû vous
» donner! »

— « Pauvre chère enfant, oui, je l'avoue, il est
» dur de souffrir si longtemps, et dans son corps,
» et dans son âme; mais avouez pourtant que vous
» ne changeriez pas une de vos journées pour une
» journée plus gaie et plus bruyante. »

— « Deux mots seulement, ma chère enfant, pour
» vous dire combien je compatis à toutes vos peines

» et me sens disposé à vous tendre la main et à vous
» aider. Ne vous découragez pas, d'abord parce que
» tout a été prévu et permis par Notre-Seigneur, et
» puis que là encore il y aura peut-être des avantages
» que vous ignorez et que l'avenir vous découvrira.
» Alors même qu'humainement parlant tout espoir
» serait perdu, disons le *fiat* de Notre-Seigneur au
» jardin des Oliviers ! »

Et encore : « Allons ! ma chère enfant, ayez bon
» courage, et tout en restant bien petite aux yeux
» de Notre-Seigneur, remerciez-le tous les jours des
» grâces qu'il vous a faites.

» Priez beaucoup, beaucoup pour moi. Si vous con-
» naissiez l'étendue de mes besoins spirituels ! Dans
» vos communions et vos rosaires, pensez souvent à
» celui que Dieu vous a donné pour père et pour ami,
» et dont le désir le plus ardent est de vous voir toute
» à Notre-Seigneur et parfaitement heureuse. »

Il suivait pas à pas les progrès spirituels de ces
âmes et s'intéressait vivement à leurs moyens d'action et aux résultats obtenus :

« J'ai lu, mon enfant, votre règlement de vie avec
» un sentiment d'actions de grâces pour Notre-Sei-
» gneur, qui vous a inspiré la pensée de faire des
» œuvres qui, toutes, lui sont pour agréables. Je ne
» vois rien à y changer, et je l'approuve. Par consé-
» quent, en l'accomplissant, vous pourrez faire doré-
» navant un acte d'obéissance.

» Continuez cette route, ma chère enfant ; elle
» vous conduira à une grande paix d'abord, et puis
» à une vie abondante en fruits de salut. »

5

Il se préoccupait même et s'informait avec une
sollicitude touchante de l'état de santé de ses pénitentes : « L'on m'a dit plus explicitement ce que vous
» m'indiquez à peine, à savoir que vous êtes très
» souffrante de la poitrine et qu'il peut y avoir là
» occasion de s'inquiéter. Je vous prie de vous
» traiter sérieusement et de ne pas plaisanter avec
» cette indisposition. Envisagez le devoir de vous
» soigner comme l'un des premiers qui vous incombe,
» et suivez exactement et ponctuellement toutes les
» prescriptions de la Faculté. Vous pourrez faire une
» ou deux méditations sur ce sujet, si vous n'êtes pas
» bien convaincue, et vous tirerez les conclusions. »

Aussi, bien des âmes sont allées à lui avec tous les
élans d'un abandon sans réserve et plus tard d'une
gratitude sans bornes. Que de confidences reçues et
de consolations prodiguées ! Que de brebis perdues
et retrouvées par le bon pasteur !

Toutefois, l'influence de M. Vaison sur les âmes a
été plus efficace encore qu'étendue. Mais celles qui
ont reçu le bienfait de sa tendre et forte direction ne
l'oublieront jamais. On peut dire de lui ce qui a été
écrit d'un saint religieux : « Le souci qu'il eut toujours
» de dérober le secret de ses austérités et de sa piété
» ne permit qu'à un petit nombre de soulever le voile
» sous lequel il cachait ses vertus et de marcher à
» leur lumière. Plusieurs de ceux mêmes qui le
» connaissaient depuis longtemps, qui le voyaient
» souvent, ne songeaient ou n'osaient pas se servir
» de lui pour leur âme. » Il était, comme l'illustre fils
de saint Dominique, de ceux qui attendent les âmes et

se dévouent entièrement à leur service, mais ne
s'offrent pas.

VIII

VISITE DES MALADES. — RELATIONS.
VOYAGES.

On ne sera pas surpris, après ce qu'on vient de
lire, que M. Vaison, avec des pensées si hautes et des
sentiments si élevés, ait apporté dans ses relations
une dignité et une correction qui passaient aux yeux
de quelques-uns pour de la fierté et de la froideur.
Nous avons dit quel heureux caractère, quel cœur
aimant se cachait sous cette apparence. Une fois
engagés, les rapports devenaient aimables et faciles.
Il avait cette franchise de langage et cette rondeur
d'allures qui plaisent aux gens du monde. Aussi
comptait-il beaucoup d'amis dans la population rochelaise.

Il apportait dans ses visites de malades, qu'il accomplissait très régulièrement, avec la discrétion dont il
ne se départait jamais, une charité, une douceur et
une persévérance inaltérables. Le souci de sa responsabilité et du salut des âmes lui dictait cette conduite
prudente et cette surveillance continuelle vis-à-vis
de ceux dont il avait la charge.

C'était pour son cœur de prêtre une grande amertume, une tristesse profonde que de voir les malades

mourir sans les derniers sacrements : « Hier, grand
» crève-cœur, écrit-il dans un petit cahier de souve-
» nirs intimes ; on vint m'avertir qu'une femme était
» morte sans sacrements. J'ai craint de n'avoir pas
» fait assez diligence. Heureusement qu'il n'y a pas
» de ma faute, je n'aurais pas pu arriver. Oh ! mon
» Dieu ! que les devoirs d'un curé sont parfois terri-
» bles à cause de la responsabilité qui l'engage. Mon
» Dieu ! soutenez ma faiblesse et ne condamnez
» aucune âme à cause de mes infirmités ! »

Cette préoccupation du salut de ses paroissiens le
suivait partout. Il a un malade dont les sentiments
sont hostiles à toute idée religieuse : « On vient de
» m'annoncer que M. X... est plus malade. J'y suis
» allé. J'ai essayé de nouveau de rectifier ses
» erreurs. Pauvre esprit égaré ! Il ne croit pas à la
» prière, et il ne prie pas !

» J'écris à la Trappe, à Notre-Dame-des-Victoires,
» au Carmel de Troyes pour le recommander aux
» prières. Moi-même, je vais prier davantage. Ah ! si
» j'étais plus pieux, plus prêtre, j'aurais plus d'in-
» fluence sur les âmes. Mon Dieu ! ayez pitié de
» moi ! » Il s'en prend en quelque sorte à lui de
l'insuccès de ses tentatives réitérées.

Le pauvre malade meurt sans s'être réconcilié
avec le bon Dieu. Voyez comme il est triste et comme
il éprouve le besoin de rassurer sa conscience sur la
certitude d'avoir fait son devoir, tout son devoir :
« Je l'avais visité plusieurs fois ; mais des préjugés
» étroits, un esprit faux l'avaient empêché jusque-là
» de goûter la vérité... Plusieurs prêtres ont essayé

» vainement de le ramener à Dieu. Heureusement
» que j'avais fait pour lui ce qu'on peut faire : priè-
» res, exhortations, visites. Tout a été inutile... *Fiat*
» *voluntas tua.* » Comme il plaint le sort de cette
âme et comme cet acte de résignation a dû lui coûter !

Aussi, peu de malades résistaient-ils à ses douces
importunités. Combien d'hommes lui ont dû la grâce
d'une mort chrétienne ! Il avait l'air si bon en les
abordant, il était si affectueux dans ses entretiens !
Il tenait la promesse qu'il s'était faite à lui-même,
» de se montrer constamment plein de bienveillance
» et de complaisance envers tous ceux qui auraient
» besoin de son ministère. »

Une personne, qu'il avait visitée journellement
durant une longue maladie, disait : « M. le curé me
» parlait de la mort dans des termes tels qu'elle ne
» m'effrayait plus : j'en étais venue à la désirer. »
Une autre disait, le jour où M. Vaison fut administré :
« Lorsqu'il partira, il me semble que toutes les âmes
» qu'il a conduites au ciel viendront à sa rencontre
» pour lui faire un cortége d'honneur. »

Comme il était consolé, lorsqu'il lui avait été donné
d'être le témoin d'une de ces morts édifiantes et
douces qui ressemblent au sommeil du juste !

Une femme encore jeune venait de rendre le dernier soupir : « Je l'ai visitée plusieurs fois durant sa
» maladie, et toujours elle m'a profondément édifié.
» C'est une âme privilégiée qui a bu jusqu'à la lie la
» coupe du sacrifice. Elle s'est éteinte doucement,
» après dix jours d'agonie, m'ayant dit à l'avance
» qu'elle mourrait vendredi, jour des cinq plaies de

» Notre-Seigneur. Quelle affection profonde et quelle
» reconnaissance elle m'avait vouée !

   » Plusieurs morts ! — M. X..., mort en très bon
» chrétien ; Mme Z..., morte un an après son mari,
» jour par jour. Quelle excellente paroissienne ! »

Et il concluait tristement : « Peu à peu les vides
» se multiplient, les dévouements deviennent rares ;
» et mon ministère, qui avait commencé par bien
» des consolations, ne finira-t-il pas par bien des
» tristesses ? »

Une autre personne également bien dévouée s'af-
faiblit de jour en jour. Il faut s'attendre à un dénoue-
ment prochain : « Ce sera pour moi une perte véri-
» table. Là encore, que Dieu soit béni ! »

Les pauvres n'étaient pas oubliés non plus dans
les sollicitudes et les visites de sa charité. Quelques-
uns se sont chargés, depuis qu'il n'est plus, de ra-
conter ses louanges. Toutefois, les plus méritoires et
les plus généreuses de ses bontés resteront à jamais
ensevelies dans l'ombre. « Je sais, nous écrit un des
» témoins de sa vie, bien des personnes riches qui,
» tombées dans l'infortune, seraient mortes de déses-
» poir, si elles n'avaient été encouragées par lui et
» soutenues par ses abondantes aumônes. »

Il se présentait annuellement chez ceux de ses
paroissiens auxquels il savait cette démarche de sa
part sincèrement agréable. La douleur n'entrait pas
dans une maison sans qu'il y pénétrât à sa suite pour
consoler et pour bénir. Il prenait part aux deuils et
aux peines qui frappaient ses paroissiens comme à
des afflictions personnelles. Les événements heureux

qui réjouissaient les familles ne le laissaient pas non plus indifférent. Il avait sa place marquée à tous les foyers chrétiens de sa paroisse. On admirait en particulier avec quel tact, quelle mesure, quelle délicatesse, il rédigeait ses allocutions de mariage. Remarquables par leur nombre, elles le sont plus encore par la variété et l'à-propos.

Ses relations intimes étaient rares, mais choisies. Sa nature réservée ne se livrait que lentement, mais elle se livrait tout entière, dès qu'elle était assurée d'une respectueuse et intelligente sympathie. Le prêtre se doit à toutes les âmes, mais à l'exemple de Notre-Seigneur, qui a eu des tendresses de prédilection pour Marthe et Madeleine, il réserve les meilleurs sentiments de son cœur pour les âmes d'élite de son troupeau.

L'une de ses plus douces jouissances dans l'intimité était l'interprétation d'une page de grand maître : « Vous savez quelle âme d'artiste était cette âme de » saint, nous écrit-on. Il aimait la musique avec » passion, on peut dire jusqu'à la souffrance.

» Que de fois ne l'avons-nous pas vu pleurer sur » une page de Gounod ou de Meyerbeer ! Son appré- » ciation ou plutôt son compte rendu du *Stabat* de » Rossini, exécuté à la Cathédrale en mars 1869, est » un vrai chef-d'œuvre du genre. »

Voici comment dans cet article il apprécie le rôle de cet art merveilleux dont il parle en juge compétent et convaincu : « Quel interprète redira le » charme, la magie de cette langue des sons qu'on » appelle la musique ? Ne l'oublions pas, la musique

» est bien vraiment la langue spiritualiste par excel-
» lence, celle qui éveille en nous les instincts les
» plus élevés, et dont l'action directe tend à faire
» prévaloir les penchants les plus délicats sur les
» penchants vulgaires. »

On a vu quels liens puissants et indissolubles l'at-
tachaient à son pays natal et à sa famille. Il parlait
rarement des siens, mais leur souvenir mettait une
larme sur sa paupière, et l'on sentait qu'ils étaient
bien vivants dans son cœur.

Lorsque, vers la fin de mai 1876, il apprend que
son respectable père est en danger de mort, il ac-
court au chevet du cher malade : « Je pars préci-
» pitamment pour Salornay, mandé par mon frère.
» Quel voyage! Cent fois j'ai fait au bon Dieu le sa-
» crifice. Quelle arrivée ! La cloche qui sonnait m'a
» semblé être le glas funèbre. En arrivant, je trou-
» vai mon père beaucoup mieux ; mais bientôt la mala-
» die, espèce de fièvre typhoïde, se déclara avec
» plus d'intensité. De jour en jour, le mal s'aggrave,
» et il faut songer à administrer le cher malade, qui,
» du reste, est plein de résignation. »

Dans ses angoisses, il est sensible aux démonstrations sympathiques auxquelles donne lieu cette maladie : « Bien des lettres m'ont été envoyées ; bien des
» prières ont été adressées au bon Dieu. Les soins ne
» lui ont pas manqué non plus ; et j'ai la consola-
» tion de penser que ma présence, mes conseils, mes
» supplications n'ont pas été étrangers à sa gué-
» rison. »

Et son cœur éclate en transports de reconnais-

sance, auxquels se mêle toujours la note de l'humilité : « Merci, mon Dieu, de m'avoir conservé mon
» père. Hélas ! je ne suis pas reconnaissant ! »

Deux ou trois ans plus tard, en apprenant la
nouvelle de sa mort, il fondait en larmes comme un
enfant.

Sa famille ne lui fait pas oublier sa paroisse ;
même auprès des siens, il ne la perd pas de vue :
« Pendant le temps de mon absence, le mois de Marie
» s'est continué et la clôture a été splendide. » Au
retour, il est heureux des témoignages d'attachement
qu'on lui prodigue et des nombreuses visites de
ses paroissiens qui, « vraiment, s'étaient inquiétés
» sérieusement et avec intérêt de la santé de son
» père. »

Le nom seul de sa terre natale faisait vibrer les
fibres de son cœur. En revenant de respirer cet air
des montagnes, il repasse « avec joie tous ses souvenirs d'enfance », et il s'écrie : « Merci ! mon Dieu !
» de ce bonheur calme que vous m'avez donné au
» sein de ma famille. Comme ces joies sont simples !
» comme elles pénètrent jusqu'à l'âme ! »

Il avait aussi le culte de l'amitié, mais un culte
d'autant plus fidèle qu'il s'étendait seulement à un
petit nombre de privilégiés. Voyez comme il est heureux, comme il triomphe de l'élévation de Mgr Cortet
à l'épiscopat ! Les liens de l'amitié avaient resserré
entre eux leur communauté d'origine et de talent.
« Depuis hier, je suis dans une joie sans mélange par
» la nomination de M. Cortet, mon meilleur ami, à
» l'évêché de Troyes. La nouvelle n'est pas officielle

» encore, mais elle est certaine. Quoique vous ayez
» peu connu M. Cortet, vous applaudirez, j'en suis
» sûr, à ce choix, si heureux sous tout rapport. »

C'est l'ami qui se réjouit sans arrière-pensée et de tout cœur des succès de son ami.

Voici maintenant l'ami empressé et délicat, « fidèle au souvenir », pour lequel il n'y a ni distance, ni séparation. « Maintes fois, vous avez dû recevoir par
» le bon ange des messages secrets, car je n'ai pas
» célébré la sainte messe à un seul sanctuaire sans y
» porter votre nom et vos demandes. »

— « Merci, ma chère enfant. Continuez à m'en-
» voyer de bonnes et douces prières qui arrivent
» à l'âme comme des souffles embaumés. Je vous
» dirai que parfois je les devine. Pourquoi pas?
» Est-ce que l'âme serait moins subtile que l'odo-
» rat? »

Si c'était une joie pour lui d'aller voir ses amis de Bourgogne, combien plus heureux encore il était de les recevoir chez lui, à sa table, « toujours fournie
» d'une nourriture saine et abondante », mais d'où était exclue « la recherche des mets »! (Règlement, ch. v.) Plusieurs fois il a eu l'honneur et la satisfaction de recevoir des hôtes illustres sous son toit, le bon et pieux évêque de Nevers, en particulier, auquel il était uni par une étroite et tendre affection. Les prédicateurs, qui ont vécu dans sa maison pendant le cours des trois stations annuelles, ont tous emporté de sa large et bienveillante hospitalité un souvenir doux et précieux.

On se mettait vite à l'aise avec lui : d'ailleurs, son

regard clairvoyant vous pénétrait du premier coup,
et dès lors il se livrait ou se réservait absolument. Il
exigeait de ses amis la même expansion confiante ;
et s'il lui arrivait d'être victime d'une indiscrétion
calculée ou maladroite, son cœur pardonnait, mais
se refermait pour toujours et ne se donnait plus : ce
qui ne l'empêchait pas de témoigner de la bienveillance à tout le monde.

Sa conversation était enjouée et charmante avec
tous ; il savait parler à chacun de ce qui l'intéressait
particulièrement, et la variété de ses connaissances
lui permettait de donner à ses récits un intérêt
toujours nouveau et approprié aux aptitudes et aux
goûts de ses interlocuteurs. Il avait appris à être
indulgent dans le commerce des hommes. Si sa verve
caustique s'exerçait parfois sur les travers du prochain, qu'il saisissait à l'instant, il n'y avait rien
dans ses paroles qui trahit une pensée amère, qui
fût l'expression d'un mécontentement ou de l'amour-
propre froissé. Il taisait ses vrais chagrins, ses souffrances intimes, et, s'il s'en ouvrait parfois, c'était
pour déverser le trop-plein de son cœur, et non pour
formuler un reproche ou jeter un blâme.

Il avait l'habitude de considérer ses vicaires
comme des amis plus jeunes, et ceux qui ont goûté
les charmes de son intimité en savent la douceur. Le
premier de ses vicaires a vécu onze ans près de lui
et ne parle qu'avec émotion du bonheur de sa jeunesse sacerdotale ; le second a eu la consolation
d'être assisté à ses derniers moments par ce père
bien-aimé ; le troisième ne l'a quitté qu'à regret pour

embrasser la vie religieuse, et celui qui écrit ces lignes ne se consolera jamais de l'avoir perdu sitôt.

Il faisait toujours passer les devoirs du ministère ou les convenances avant les préférences de l'amitié ou la satisfaction du repos. Les œuvres extérieures sollicitaient son activité, son besoin de se dépenser et d'agir. Il avait une existence très occupée : le confessionnal et la chaire lui prenaient déjà beaucoup de temps ; le soin des malades, les visites à faire ou à recevoir absorbaient tout le reste.

Cette vie d'incessant labeur exigeait quelque répit. Il prenait chaque année un mois de vacances pour le donner à sa famille et au délassement.

Il eût aimé les voyages par goût et par désir de s'instruire. Il a laissé sur ses excursions à travers la France, la Suisse, l'Italie et l'Espagne, des notes rapides, mais qui indiquent la netteté et l'étendue de ses connaissances. Il sentait en poète et traduisait ses impressions en artiste qui apprécie ce qu'il a vu et entendu.

La langue de ces deux derniers pays lui était presque familière ; il la cultivait dans la lecture de leurs meilleurs écrivains et la parlait assez couramment. Il connaissait également l'anglais.

C'était d'ordinaire le mois de septembre qu'il consacrait au repos et à ce genre de distraction. Ce mois est, en effet, le moins chargé de l'année liturgique et le plus favorable par conséquent à l'absence du prêtre qui a charge d'âmes. On y jouit des derniers beaux jours de l'été et des premiers charmes de l'automne. Il faisait le plus souvent deux parts de ses vacances, l'une pour sa chère Bourgogne, l'autre pour l'excursion projetée cette année-là. Mais, presque toujours, il donnait à ses voyages une destination pieuse, en même temps qu'un but utile, et accomplissait à la fois le double pèlerinage de la terre natale et d'une terre sanctifiée.

En 1875, il visita Marseille, « où il eut le bonheur » de célébrer la sainte messe à Notre-Dame-de-la- » Garde. » Ce qu'il voulait voir surtout, c'était la grotte bénie de la Sainte-Baume où a vécu Marie-Madeleine et que la description du P. Lacordaire a rendue célèbre : c'était le chef glorieux de l'illustre pénitente, miraculeusement conservé au couvent de Saint-Maximin. « A la tombée de la nuit, écrit-il, je » frappai à la porte du couvent des Dominicains, qui » gardent la Sainte-Baume. On me donna une petite » cellule, j'ouvris ma fenêtre et j'apercevais la mon- » tagne où la sainte avait passé trente-trois années à » prier et à pleurer. L'air était doux, les étoiles » brillaient dans tout leur éclat, pas un bruit... Je » restai là quelque temps à rêver à la chère sainte. » Enfin, après quelques heures de repos, je gravissais » à la première aube le rude sentier qui conduit à la » grotte. Enfin, j'arrivai dans ce lieu sacré. Quelle » émotion ! Je célébrai le saint sacrifice à l'endroit » même où la première amante de Jésus avait versé » tant de pleurs. Je vous avoue que, peut-être depuis » ma première messe, je n'ai pas été plus ému. Mes » larmes coulaient et je ne cherchais pas à les » arrêter.

» Après avoir longuement nommé à sainte Marie

» toutes les âmes qui m'étaient chères, je descendis
» la montagne pour aller contempler, à Saint-
» Maximin, cette belle tête de Marie-Madeleine.
» Quel saisissement on éprouve devant ce beau front
» touché par la main de Notre-Seigneur et qui garde
» encore son empreinte, devant ces yeux et cette
» bouche, tout ce profil superbe, qui a servi de taber-
» nacle à l'âme que Notre-Seigneur a le plus aimée
» sur la terre, après sa sainte Mère ! Je serais resté
» là longtemps, mais les incidents prosaïques de la
» vie devaient abréger cette heure si douce. » Et
cette dernière réflexion qui marque bien la nature de
son esprit et son besoin d'activité : « Après avoir vu
» sainte Marie-Madeleine, je tenais à aller rendre
» visite à la bonne sainte Marthe, qu'on néglige trop.
» Là encore, sur ce tombeau, je déposai bien des
» souvenirs. »

L'année suivante, croyons-nous, il dirigea ses pas
vers la montagne bénie où la Vierge est apparue à
deux pauvres petits bergers. Il s'y recueillit pendant
quelques jours dans la méditation, et sur une feuille
qui porte le cachet de Notre-Dame il écrit les lignes
suivantes, sous ce titre : *Impressions du pèlerinage
de la Salette :*

« Merci, ô mon Dieu, de m'avoir amené sur cette
» sainte montagne ! Faites que les impressions de foi
» que j'ai ressenties ne soient pas perdues, mais
» qu'elles aient une influence efficace sur cette
» nouvelle année de ministère. Je dois pour cela
» m'efforcer de vivre d'une manière surnaturelle,
» faire tout ce que j'ai fait jusqu'à présent, mais le

» faire pour Dieu et en union avec Marie. Agir pour
» Dieu en union avec Marie, prier avec elle,
» travailler avec elle, célébrer avec elle, en un mot
» vivre à côté d'elle, comme un enfant près de sa
» bonne mère! C'est la résolution que je prends dans
» cette retraite. Et maintenant, bonne Mère, après
» avoir respiré cet air de la montagne, tout embaumé
» de votre souffle virginal, après avoir foulé le sol
» que vos pieds sacrés ont effleuré, après m'être
» désaltéré à longs traits dans cette source d'eau pure
» qui a jailli sous vos pas, je pars content, parce que
» j'ai vu ma mère, mais triste de laisser des lieux
» si chers. Oh! bénissez-moi, ma douce mère, jetez
» vos yeux sur moi et je serai sauvé, et je procurerai
» un peu de gloire à votre divin Fils et à vous,
» ô belle Dame de la Salette. C'est là mon désir le
» plus ardent : *Fiat ! Fiat !* »

Ne retrouve-t-on pas dans ces lignes l'amour ardent et la piété filiale du séminariste d'autrefois pour la très sainte Vierge?

Notre-Dame de Lourdes avait aussi toute sa vénération et toute sa confiance. Il avait puisé ces sentiments dans sa foi vive et dans ses entretiens avec l'historien des apparitions à Bernadette. Nous n'avons pas oublié avec quel accent de conviction émue il racontait un jour, devant nous, la guérison miraculeuse de Caroline Esserteau, qu'il avait constatée avec Henri Lasserre, et qui est encore dans toutes les mémoires.

Mais le sanctuaire de Paray-le-Monial, où il avait prié tout enfant et où son jeune cœur s'était ouvert aux effusions de la grâce divine échappées du Cœur grand ouvert de Jésus, était demeuré son sanctuaire de prédilection. Montmartre devait avoir de l'attrait pour lui et il se dévouait de tout cœur à l'Œuvre du Vœu national. Au retour d'un pèlerinage à la basilique du Sacré-Cœur, le premier vendredi du mois qui suivit son arrivée, il fit part à son auditoire des impressions très douces de son voyage et renouvela la consécration de sa paroisse au Sacré-Cœur de Jésus. Notre-Dame de Fourvières a eu souvent sa visite : « il y a dit plusieurs fois la sainte » messe et son père et sa mère y ont communié de » sa main. »

C'est ainsi que M. Vaison sanctifiait ces pérégrinations, où l'on ne recherche trop ordinairement que de l'agrément et de la distraction.

IX

LA MALADIE ET LA MORT.

Vers la fin de juillet 1887, M. Vaison était déjà profondément atteint par le mal qui devait l'emporter, mais personne encore n'en soupçonnait la gravité. Lui seul sentait ses forces décroître peu à peu. Dans sa réponse aux aimables instances de Monseigneur d'Autun, parmi les raisons alléguées pour motiver son refus, figurait en première ligne l'attachement qu'il avait voué à sa paroisse, aux âmes qu'il ne voulait plus quitter. Et il ajoutait presque

aussitôt : « Je ne puis plus me faire illusion sur ma
» santé et mes forces qui déclinent visiblement. —
» Vous n'auriez bientôt plus qu'un curé valétudi-
» naire. »

Rien cependant ne faisait prévoir une fin prochaine ;
il était toujours gai et n'avait presque rien perdu de
la vivacité de son allure et de son esprit. Ceux-là
seuls qui l'avaient connu si alerte et si actif, remar-
quaient par moments l'altération de ses traits. Mais
leur amitié cherchait à se rassurer et ils ne voyaient
guère dans cet état qu'une fatigue passagère, une
crise accidentelle, dont la vigoureuse constitution du
malade triompherait aisément.

Ce changement datait principalement du jour où
un accident grave avait inspiré à son entourage les
plus sérieuses inquiétudes. C'était au cours de l'été
précédent. Au retour du cimetière, où son ministère
l'avait conduit par un soleil ardent, il fut pris d'une
hémorragie nasale tellement abondante, qu'on put
craindre pour sa vie pendant quelques jours.

Sa santé avait déjà subi plusieurs atteintes : presque chaque hiver, une bronchite chronique l'éprou-
vait assez fortement pour l'obliger à suspendre ses
occupations habituelles. Quelques années auparavant,
il avait été arrêté plusieurs semaines et il écrivait
au lendemain de son rétablissement : « Je ne vous
» parle pas de ma maladie, qui, dit-on, pouvait être
» très grave. Le bon Dieu me laisse encore un peu de
» répit pour faire pénitence : Je vais tâcher d'en
» profiter. »

L'hémorragie du mois de juin 1886 marqua le

commencement d'un affaiblissement graduel. Le sang
vint à manquer aux poumons et ne circula plus avec
assez de régularité et d'activité pour alimenter cette
puissante nature. La science médicale crut à une
anémie profonde et prescrivit un régime fortifiant.
Plus tard, vers les derniers jours, le caractère de la
maladie se révéla avec une évidence terrible; cette
fois, il n'y avait plus de doute : le malade était frappé
mortellement au cœur.

Pendant les vacances de 1887, M. Vaison voulut,
sur le conseil qui lui avait été donné, essayer d'un
traitement thermal, et s'arrêta quelques jours à
Saint-Honoré-les-Bains.

Les eaux éprouvèrent beaucoup le cher malade et
il rentra à La Rochelle, fatigué et bien résolu à ne
plus se préoccuper de son état de santé. Plusieurs
habiles praticiens, qu'il avait consultés, ne s'étaient
pas trouvés d'accord sur la nature du mal et le traitement à suivre. La science humaine tâtonne souvent dans ses recherches, et Dieu semble parfois se
complaire à déjouer ses calculs.

Cependant M. Vaison conservait toujours cette
sérénité d'âme et cet enjouement dans la causerie,
qui lui étaient naturels et qui ne se sont pas démen-
tis un seul jour, même pendant les dernières semaines de sa maladie. Son front ne s'assombrissait
qu'aux heures de recueillement solitaire : il était
visible alors que les pensées tristes envahissaient son
âme. A l'entrée de l'hiver, il fut facile de constater
un déclin sensible, une altération rapide de sa santé.
La veille de la Toussaint, les confessions, prolongées

pendant une partie du jour, furent pour lui une grande fatigue. Ses amis, alarmés, se préoccupèrent avec raison d'un état dont il ne semblait même plus s'inquiéter, sinon pour se préparer à bien mourir ; car la grave préoccupation de la mort était déjà entrée dans son âme. Cette lutte entre la pauvre volonté humaine, qui cherche à se faire violence pour se résigner à celle de Dieu, et la crainte instinctive de la mort, qui effraie notre nature déchue, devait être longue et difficile avec un caractère si fortement trempé et une nature si vivante.

Le prêtre est pourtant familiarisé plus que personne avec cette réalité de la mort, qu'il a constamment sous les yeux ; mais il est homme aussi, et recule d'effroi devant ce mystère, d'autant plus redoutable pour lui, qu'il en a médité davantage les profondeurs. Chez M. Vaison, la grâce devait triompher de la nature : lorsque le mal fit explosion dans toute sa violence, aussitôt l'acte de résignation fut accompli. De sérieuses et pénibles méditations l'y avaient longuement préparé. Il a écrit lui-même cette parole si profonde et si vraie : « A mesure que la vie s'avance, » on voit chez les mondains s'affirmer l'attachement » aux espérances du monde, tandis que le prêtre » aime à répéter ces mots : *Cupio dissolvi et esse* » *cum Christo.* »

La fête des Morts fut peut-être son dernier beau jour ; la température était douce et calme ; le soleil de novembre, en jetant ses pâles reflets sur la nature dépouillée, donnait à toutes choses une teinte mélancolique, mais d'une mélancolie presque joyeuse.

Nous allâmes ensemble à ce coin de terre béni, que la piété populaire a justement nommé pour les chrétiens le *champ du repos*. Nous cheminions lentement, car la marche lui était devenue une fatigue. Les passants, pieux fidèles, que nous croisions sur la route et qui accomplissaient, comme nous, le pèlerinage de la mort, se découvraient avec empressement, et la plupart avaient un sourire de respectueuse et filiale affection pour l'ami et le pasteur.

La conversation fut attrayante, comme de coutume. Un ami, qui vint s'adjoindre à nous, doit se souvenir encore des choses édifiantes et aimables dont il nous a entretenus jusqu'à l'entrée du cimetière. Après s'être agenouillé sur la tombe de son vénéré prédécesseur, il se retira à l'écart et parcourut silencieusement les allées jonchées de feuilles, en récitant ce chapelet dont il égrenait avec tant d'amour les *Ave Maria*.

Noël arriva avec son redoublement de travail. Dans l'intervalle, les progrès du mal s'accentuaient de plus en plus, caractérisés par une respiration haletante, des palpitations de cœur, une sueur subite qui parfois inondait son front, une pâleur mortelle qui altérait son beau et mâle visage. Lui seul paraissait ne pas s'en apercevoir et continuait à vaquer à toutes ses occupations, assistait avec sa régularité accoutumée à tous les exercices publics, récitait encore chaque soir le chapelet, et, pour obéir à des recommandations amicales, s'astreignait chaque jour à des promenades forcées de plusieurs heures, qui devaient être pour lui un douloureux martyre. Les

pieds étaient déjà enflés ; chaque mouvement lui
coûtait un effort. Bientôt les forces déclinèrent plus
visiblement encore : les mois de janvier et de février
se passèrent dans un affaissement profond, et l'énergie morale du malade s'accusait davantage à mesure
que le mal prenait plus d'empire ; il cherchait à
réduire et à vaincre le mal à force de volonté. Il dut
renoncer presque entièrement au ministère extérieur
et se reposer sur ses vicaires de l'administration de
la paroisse. Il cessa la récitation à haute voix du
chapelet, mais il ne manqua jamais d'y assister jusqu'au jour où il tomba pour ne plus se relever. Pendant la première moitié du Carême, il se fit un devoir
de venir à tous les sermons, et le vendredi il se trai-
nait péniblement, autour de la cathédrale, devant
les stations du chemin de la croix.

Voulant remplir jusqu'à la fin les devoirs du bon
pasteur, il disait la sainte messe chaque jour et prêchait tous les dimanches. Coïncidence remarquable !
le dimanche où il parlait pour la dernière fois du
haut de la chaire, le cours de son explication doctri-
nale l'amena à traiter de l'extrême-onction.

Il recommanda avec instance à ses paroissiens de
ne pas retarder, par une affection excessive ou des
alarmes trop prudentes pour leurs malades, la récep-
tion et les heureux effets de ce sacrement. Lui-
même, peu de jours après, mettait, à le recevoir, un
grand empressement et une touchante édification,
ajoutant ainsi l'autorité de l'exemple à celle de la
parole.

Le dimanche de la Passion, 18 mars, il était à bout

de forces. La veille, il avait confessé quelques personnes qui sollicitaient le secours de son ministère. Pendant sa messe, il se sentait défaillir et il eut à peine le courage d'achever. Se voyant, cette fois, vaincu et impuissant, il consentit à s'aliter, mais pour essayer de se relever encore quelques heures après. Le lendemain, fête de Saint-Joseph, malgré les conseils de la prudence, il se leva de nouveau pour monter à l'autel, et dut sans doute à l'intercession du saint patriarche, pour lequel il avait une grande dévotion, de pouvoir achever le saint sacrifice.

On ne crut d'abord qu'à une simple indisposition, à un arrêt de quelques jours ; mais il n'y eut plus bientôt d'illusion possible à se faire sur la portée du mal. La paroisse, avertie du malheur qui la menaçait, fut vivement émue ; pendant les jours qui suivirent, plusieurs centaines de personnes assistaient chaque matin à la messe célébrée pour la guérison du cher malade ; de toutes les communautés, de tous les points de la ville, des prières ardentes s'élevaient vers le ciel. Des neuvaines furent demandées à Lourdes et à Paray-le-Monial. Nous l'avons déjà dit, lorsque la victime fut terrassée par le mal, elle était prête, et son sacrifice fut consommé. Son cœur avait non seulement accepté, mais goûté, mais savouré la mort par anticipation, et lorsque, le troisième ou quatrième jour après sa chute définitive, on lui assurait que la sympathie ardente et les bonnes prières de ses paroissiens sauraient bien l'arracher à la mort : « Non, répondit-il, demandez seulement que

» la volonté de Dieu soit faite. *Fiat voluntas!* Main-
» tenant que mon sacrifice est accompli, il me serait
» pénible d'avoir à le renouveler. Priez seulement
» pour que mon courage ne défaille point ! Puisque
» nous devons aller à Dieu, un peu plus tôt, un peu
» plus tard, peu importe. Je crois être prêt ! » Cependant l'enflure augmentait sensiblement et, après
avoir envahi les jambes, atteignait le corps : le malade ne pouvait plus rester étendu ; on l'assit dans
un fauteuil, où il demeurait des heures entières, les
yeux fermés, les mains jointes, entrelacées dans la
chaîne de son chapelet ; le doux murmure de la
prière agitait seul ses lèvres ; il prononçait le nom
de Jésus avec un vif accent de foi et une tristesse
résignée.

Il n'avait plus à se préoccuper des choses de la
terre ; il leur avait donné un instant l'attention
rapide qu'elles réclament, et une fois la rédaction de
son testament terminée, il se désintéressa absolument
de ses affaires temporelles, pour se tourner complè-
tement vers Dieu. Sa succession allait presque tout
entière aux bonnes œuvres ; il n'était pas de ceux
qui thésaurisent pour eux-mêmes.

Plusieurs fois on lui avait parlé de sa famille, de
sa mère, qu'on aurait voulu avertir, dans la crainte
d'une surprise et pour rompre un silence qui devait
inquiéter la pauvre femme ; mais il repoussait doucement cette idée : « Non, pas encore, répondait-il ;
» il vaut mieux qu'ils ignorent et leur épargner ce
» chagrin de me savoir malade. A distance, on s'exa-
» gère toujours. » Ce n'était pas qu'il se fît illusion

sur la gravité de son état, mais il voulait éviter aux siens et à lui-même des adieux prolongés et déchirants.

Lorsqu'un ami privilégié venait lui serrer la main, s'il sortait, pendant quelques minutes, de son recueillement pour sourire à son visiteur, il se hâtait de s'y plonger de nouveau pour se préparer au dernier adieu. Il fallait voir surtout l'éclair de satisfaction qui illuminait son visage, lorsqu'un des intimes, un des familiers de la maison entrait dans sa chambre, et le serrement expressif qu'il échangeait avec leurs mains !

Si leur absence se prolongeait au delà de la durée ordinaire, avec quelle sollicitude il s'informait d'eux et les réclamait près de lui ! Notre-Seigneur lui ménagea cette suprême consolation d'avoir à ses côtés des amis fidèles, pour lui aider à gravir son calvaire de douleurs, où il aurait plusieurs fois, dans une agonie prolongée et douloureuse, à renouveler le sacrifice du 19 mars. Le samedi 24, après une forte crise, il disait : « Quand on a vu la mort d'aussi près que je » l'ai vue, il n'y a qu'une seule chose, le crucifix ! » — En même temps il pressait sur ses lèvres l'image du divin Crucifié, et songeant avec tristesse à l'impuissance des amis de la terre, malgré leur consolante bonne volonté : « Nos bons amis ne peuvent » rien, ajouta-t-il ; il n'y a que le cœur de Jésus sur » lequel nous puissions nous appuyer. Quand on » tient le Christ avec sa croix, c'est alors qu'on est » fort ! » N'est-ce pas ainsi que parlent les saints ? Son directeur de conscience était venu, ce soir-là

même, entendre sa confession et lui avait donné la
grâce de l'absolution. Le malade s'étonnait qu'on ne
lui parlât pas des derniers sacrements ; il les demanda
lui-même avec instance à son confesseur. Il fut décidé
qu'on se rendrait à son pieux désir le surlendemain,
lundi, juste huit jours après sa dernière messe. Cette
scène restera inoubliable dans le souvenir de ceux
qui en furent les témoins bien émus.

Plusieurs prêtres, dont quelques chanoines, en
habit de chœur, accompagnaient le Saint-Sacrement. La chambre avait été transformée en un repo-
soir gracieux, où les fleurs et les lumières parlaient
de joie et d'espérance plutôt que de tristesse et de
deuil. Le patient, grave et recueilli, répétait sans
cesse, au moment où le cortège pénétrait dans l'appartement : *Veni, Domine Jesu, veni !*... Il répondit
lui-même aux invocations liturgiques et récita d'une
voix ferme le *Confiteor*. Après avoir demandé pardon
à Dieu, il s'humilia devant les hommes comme un
coupable, alors que les hommes n'avaient que des
bénédictions et des actions de grâce à lui offrir.

Les spectateurs étaient attendris jusqu'aux larmes ;
le prêtre qui tenait la sainte hostie entre les doigts se
sentait lui-même gagné par l'émotion ; le malade
seul gardait une sérénité angélique ; la cérémonie de
l'extrême-onction s'acheva au milieu des pleurs, pour
être exact il faudrait dire des sanglots de l'assistance.

Alors chacun de nous s'approcha du cher malade
qui, dans une accolade fraternelle, nous pressa
contre son cœur d'ami. Les larmes coulaient maintenant sur ses joues : il était vaincu à son tour, malgré

sa grande force d'âme, par la tristesse des adieux et le déchirement de la séparation. Il dit tout simplement à un prêtre, chargé de solliciter son pardon pour une âme qui avait été bien coupable envers lui et qui, aux approches de sa mort, touchée intérieurement de la grâce, aurait voulu se traîner à ses genoux : « Mais je n'ai à me plaindre de personne, » murmura-t-il. Je pardonne à tous ceux qui ont » voulu me faire du mal, comme je demande pardon » à tous ceux que j'ai pu offenser. » Il eut ensuite comme une suffocation, un commencement d'agonie ; cette heure d'émotion l'avait fatigué.

Cette soirée fut mortelle pour nous tous : on s'attendait d'une heure à l'autre à recevoir son dernier soupir : lui-même sentait la vie lui échapper. L'enflure, qui montait au cœur, l'étreignait toujours plus fortement : « Ne me quittez plus », dit-il, vers trois heures, à son vicaire, puis, résumant sa vie dans une rapide confession générale, il lui demanda humblement l'absolution ; et comme le jeune prêtre ne pouvait dominer son émotion : « Ne pleurez pas, mon » cher enfant, ajouta-t-il, et ne laissez plus ma main. » Lorsque vous me verrez mourir, vous me donnerez » une dernière absolution. » Son aspiration, comme sa respiration, pendant près d'une longue demi-heure, ne laissa plus passer et entendre que ce mot : « Jésus ! Jésus ! » Mais Dieu voulait purifier encore et éprouver son serviteur.

Comme par miracle, vers le soir, une amélioration très rapide et inespérée se produisit dans l'état du pauvre malade. L'enflure diminua tout d'un coup et la respiration devint plus aisée ; ce soulagement fut procuré par une déchirure soudaine qui se déclara à la jambe.

Le malade remonta en quelques jours la pente qu'il avait descendue si vite. Il se fit un devoir d'écrire aussitôt à sa famille pour la rassurer sur son silence inusité, parla de sa maladie comme d'une indisposition légère dont il serait très prochainement rétabli, et commença de nouveau à s'intéresser aux choses et aux personnes de la paroisse, se réjouissant des succès de la prédication du Carême, de la conversion de quelques malades jusque-là obstinés, des témoignages de sympathie et des prières ferventes que sa maladie avait provoqués.

Autour de lui, on renaissait à l'espoir ; mais alors qu'on se plaisait à considérer le mieux comme un acheminement vers la guérison, lui ne voyait là qu'une halte, qu'un répit dans la marche implacable du mal.

Il ne cachait pas cette pensée attristante à ses intimes. Plusieurs fois, je cherchai à lui faire partager nos espérances : il me montrait obstinément son cœur sans proférer une parole ou bien en me disant : « Le mal est là, toujours. » Il ne se trompait pas, hélas !

Pourtant, le jour de Pâques, 1er avril, — ce matin-là, il avait communié — lui-même crut un instant à la résurrection de ses forces, à sa vie retrouvée ; dans l'après-midi, on avait ouvert les fenêtres, le soleil était d'or, le ciel d'un bleu profond ; une brise printanière pénétrait dans la chambre et enivrait le

malade de ses tièdes effluves ; tout parlait de renouveau et d'avenir. Ranimé par cet air vivifiant et pur,
il se prit à nous sourire et à saluer le lendemain
avec confiance. Sa respiration était douce, son cœur
battait sans effort ; mais on laissa trop longtemps cet
air d'avril caresser son front et pénétrer dans sa
poitrine délicate. On a de ces tendresses et de ces
complaisances exagérées pour les malades ; on n'ose
résister à leurs instances : on est si heureux de leur
procurer un peu de bien-être et de repos !

Le soir même, M. le curé fut pris d'une crise de
toux, et sa confiance de tout à l'heure l'ayant aban-
donné : « Je gravis le Calvaire, dit-il à son confesseur
» qui était venu le visiter et le consoler, je serai
» bientôt au sommet ; je m'y achemine doucement. »
Notre-Seigneur lui avait procuré du moins pendant
quelques heures un peu de joie et de soulagement ;
il avait oublié dans cette solennité pascale les tristesses de l'âme et les douleurs déchirantes du corps.

Une bronchite s'était déclarée aussitôt qui, pendant
une semaine encore, inquiéta sérieusement les médecins et mit de nouveau sa vie en danger.

Vers le 10 avril, un peu d'espoir nous fut encore
permis ; mais, cette fois, notre confiance était moins
justifiée que précédemment et devait être de courte
durée. Quelques jours après, une nouvelle et terrible
crise, qui laissait présager une fin prochaine, s'em-
parait de M. Vaison, et sa constitution ébranlée par
tant de secousses ne luttait plus que faiblement contre
la recrudescence du mal.

Son pauvre corps ne formait plus qu'une plaie.

C'est à peine si, dans les mouvements pénibles qu'on lui imprimait pour le transporter d'une couche sur une autre, le malade laissait échapper une plainte, bien vite réprimée par une exclamation plaisante ou une invocation vers le ciel, une élévation d'esprit et de cœur vers Dieu, la sainte Vierge, le Sacré-Cœur, saint Joseph, son patron saint Jean.

Les souffrances les plus vives, un mois de tortures continuelles ne lui avaient pas enlevé sa belle et bonne humeur, dont les saillies humoristiques amenaient un sourire navré sur les lèvres des assistants : « Je crois que le dégel commence ! » me dit-il un jour où ses pauvres jambes, où son corps tout entier fondaient en eau.

Son intelligence était restée vaillante, sa volonté inébranlable et fermement attachée à Dieu. S'apercevant un jour qu'on s'affligeait vivement autour de lui, en se promettant de faire violence au Ciel afin d'obtenir un miracle, il répéta cette simple et grande formule de résignation : « Il vaut mieux » vouloir la volonté de Dieu... Vous priez pour moi, » n'est-ce pas ? Ne pleurez pas ! » Il était le soutien et le consolateur de ses proches.

Où puisait-il donc cette force surhumaine aux derniers moments de sa vie, alors que son corps était meurtri, son âme désolée ? Le secret de cet héroïsme, un saint prêtre, un bon chrétien dans le monde savent où il se trouve.

La nuit précédente, à l'heure mystérieuse où les anges ont chanté le *Gloria* à Béthléem, où le Fils de Dieu s'est fait chair et hostie, — car il devait être tard, au soir de la Cène, lorsque le Sauveur institua son sacrement, — le même Fils de Dieu avait pris corps en lui par la sainte communion. Il lui avait communiqué sa vertu et sa résignation divines, pour l'aider à bien souffrir et à bien mourir. C'était l'heure de sa dernière communion eucharistique sur la terre, en attendant la communion béatifique et éternelle dans la gloire.

Comme les médecins avaient ordonné des potions à toutes les heures, par ce sentiment de respect envers le Saint-Sacrement qui a toujours caractérisé sa vie sacerdotale, il ne voulut pas le recevoir en viatique ; il tenait absolument à communier à jeun.

Vers le milieu de la nuit, à onze heures trois quarts, la préparation commence ; sur l'expression de son désir, la religieuse garde-malade récite à haute voix les litanies de la sainte Vierge. A minuit précis, son vicaire entre dans la chambre, portant sur sa poitrine le Dieu de l'Eucharistie. Les anges seuls pourraient dire la ferveur de cette communion, les dispositions admirables de résignation et de piété que manifeste le malade. On l'a dressé sur son séant ; il s'incline avec respect devant la visite ineffable de Notre-Seigneur et entr'ouvre les lèvres pour posséder à tout jamais dans son cœur le trésor eucharistique. Pas un détail de la cérémonie ne lui échappe ; pas une prière ne reste sans réponse ; sa voix fait écho à celle de Notre-Seigneur et de son ministre.

Le jeune vicaire ému et tremblant lui fait remarquer l'analogie touchante de cette communion à pareille heure avec la descente de Jésus dans la crèche de Bethléem. Les deux prêtres s'embrassent et se bénissent dans une parfaite union de foi et de sentiments. Cette étreinte a scellé un pacte d'amitié, a noué une chaine dont les anneaux ne se briseront jamais, même sur l'angle de la froide pierre du tombeau.

A tous les soins tendres et affectueux qu'on lui prodiguait, le malade répondait avec un bon sourire : « Merci ! Merci ! c'est très bien », craignant même qu'on ne se fatiguât pour lui et demandant toujours des nouvelles de ceux qui lui étaient particulièrement chers.

Les amis éloignés n'étaient pas oubliés dans ses préoccupations et dans l'offrande de ses douleurs en union avec celles du Seigneur Jésus. Ses condisciples du Séminaire en particulier, ses aînés dans le sacerdoce qui avaient été ses maitres et ses modèles, ses amis les plus éminents, dont par une discrète modestie il parlait si peu dans ses entretiens ordinaires, et qui occupent dans l'épiscopat une place justement remarquée : Monseigneur l'archevêque de Rouen, le protecteur de sa jeunesse sacerdotale ; Mgr Perraud, évêque d'Autun, l'illustre membre de l'Académie française, l'écrivain émérite ; Nosseigneurs de Troyes et de Nevers, qui avaient pour lui une toute particulière estime et une vive affection. On le vit bien au presbytère lorsqu'à la première nouvelle, des dépêches et des lettres inquiètes vinrent s'informer de l'état du malade de la part des personnages que nous venons de nommer.

La pensée de M. Vaison le reportait souvent au pays natal, vers ce qu'on a si bien nommé la petite patrie dans la grande, vers le foyer. Les affections de la famille, les souvenirs d'enfance, les joies du jeune âge, les douces et impérissables émotions du sacerdoce : autant de liens précieux qui le rattachaient au diocèse d'Autun.

A la veille de sa mort, au souvenir des siens attristés, de cette pauvre veuve, qui priait sans doute à cette heure dans l'inquiétude et l'insomnie, car elle était maintenant prévenue du malheur qui la menaçait, il murmura d'une voix affaiblie : « Allez au » télégraphe, et dites aux miens de venir. »

On se précipita pour exaucer son dernier vœu, satisfaire ce désir si légitime du cœur. Au retour : « Quelle heure est-il ? » demanda le malade. — « Neuf heures », lui répondit-on ! — « Trop tard ! » s'écriat-il avec un accent d'inexprimable angoisse. C'était trop tard, en effet ! La pauvre mère ne devait plus le revoir ici-bas ; une seconde dépêche lui annonçait le lendemain la cruelle réalité et l'arrêtait au moment où elle allait partir : c'était lui épargner un voyage inutile et une émotion poignante, à l'âge avancée où sa belle vieillesse est parvenue.

Mais elle sait, la pauvre mère, que son fils est mort comme un saint, et la grâce de Dieu est un baume qui coule doucement et constamment sur la plaie de sa douleur. Cette blessure toujours saignante se fermera dans le ciel en cicatrice glorieuse, comme toutes les blessures des mères chrétiennes !

L'abbé Perreyve a magnifiquement développé cette

idée que la mort du bon prêtre ressemble à une dernière messe. Celui qui va mourir est à la fois prêtre et victime ; il offre lui-même son sang, auquel s'est mêlé le sang de Jésus-Christ ; son corps, qui a dû être un holocauste vivant et continuel, attaché comme Isaac sur la croix d'où Dieu le délivre maintenant pour le glorifier ; son âme, qui s'est identifiée avec les pensées, les sentiments et, dans une proportion plus ou moins étendue, les vertus et les mérites du Sauveur des hommes. C'est en quelque sorte un vrai sacrifice qui rappelle celui du Calvaire et celui de l'autel ; ce sacrifice s'est réalisé sous mes yeux.

J'ai suivi heure par heure, pour ainsi dire, les étapes de cette voie douloureuse, les affres de cette agonie. Elle commença vers une heure du matin, s'annonçant dès le début, longue et terrible.

Le malade tombait par moments dans des prostrations accablantes, entrecoupées par des oraisons jaculatoires, d'où il ne sortait de temps à autre que pour s'assurer de la présence de ses fidèles et répondre aux litanies du Sacré-Cœur, de la Vierge, de saint Joseph, des agonisants qu'on récitait près de son lit. Il pressait alors avec transport le crucifix qu'il a tenu constamment dans ses mains fermées.

La lumière fatiguait ses paupières endolories ; la soif desséchait ses lèvres, une soif brûlante ; et parfois sortait de sa gorge ulcérée ce cri, qui résonnait profondément dans nos âmes et semblait compléter l'union de ce sacrifice avec celui de la croix : « J'ai soif ! J'ai soif ! » mais lorsqu'on lui présentait un breuvage rafraîchissant, il lui était impossible d'en avaler une seule goutte, malgré l'ardeur de ses désirs et de ses efforts. C'est à peine si on pouvait humecter légèrement ses lèvres suppliantes !

Lorsqu'il se réveillait de ses torpeurs, il avait un mot et une attention pour chacun, heureux ou du moins consolé de nous sentir près de lui, et triste de voir qu'il était pour nous une cause de chagrin et de fatigue.

Vers 5 heures du matin, il demanda qu'on ouvrit les persiennes, et les premières lueurs du jour se glissant jusqu'à son lit, il recouvra un reste d'animation et de forces, comme s'il sortait d'un engourdissement profond.

Son âme, comme dégagée des liens matériels, qui la retenaient cependant encore, — mais le corps était tellement affaibli qu'il n'en ressentait plus même le poids, — son âme promena longuement un regard étonné et joyeux autour de l'appartement et sur les personnes présentes ; puis il se mit à parler et à sourire, alors que son front était humide des sueurs de son horrible agonie et que son visage amaigri était contracté par la douleur. Ces paroles et cette joie faisaient mal au cœur. Il salua le médecin qui entrait en ce moment et le plaisanta amicalement, comme un ami qu'on est heureux de revoir. Il appela près de lui son vicaire une dernière fois et lui demanda de l'embrasser.

Puis, son visage se contracta de nouveau : le corps s'agita dans une suprême convulsion. Son confesseur, qui venait d'accourir, lui porta le crucifix aux lèvres et il expira dans ce divin baiser.

X

LES FUNÉRAILLES.

Les obsèques de M. Vaison donnèrent lieu à une touchante manifestation de regrets et de reconnaissance. Les journaux de La Rochelle se firent les interprètes de ces sentiments :

« Pendant les dix-sept ans de son ministère pasto-
» ral, écrivait la *Charente-Inférieure,* M. Vaison a
» su gagner et conserver les sympathies de tous. Sa
» parole facile et distinguée, la bonté de son cœur,
» sa charité pour les pauvres, ses habitudes conci-
» liantes, lui avaient valu de bonne heure l'estime et
» l'affection qui s'attachent d'ordinaire à de plus
» longs services.

» Sa mort laisse un vide sensible au milieu de cette
» paroisse, qui gardera longtemps la mémoire de son
» digne pasteur. »

L'*Echo rochelais* disait de son côté :

« M. l'abbé Vaison réunissait un ensemble de qua-
» lités bien propres à assurer le succès de son minis-
» tère. Chez lui, l'esprit d'initiative était servi par
» l'intelligence et réglé par le tact, la prudence et la
» modération. Il savait chercher et attendre l'heure
» favorable, et agir ensuite avec persévérance. Le
» culte divin doit beaucoup, dans la cathédrale, à
» son zèle et à sa piété.

» Dès les premières années de son ministère, il sut
» donner aux exercices du mois de Marie un éclat et
» une vie qui n'ont pas cessé depuis, grâce à des

» prédications remarquables et à des chants harmo-
» nieux. Plus tard, il secondait ardemment l'œuvre
» de l'Apostolat de la prière et animait de sa voix les
» réunions mensuelles dans la chapelle du Sacré-
» Cœur, qui devenait un foyer de ferventes adora-
» tions. Tout le monde sait que la gracieuse chapelle
» de Sainte-Anne lui est redevable de sa riche déco-
» ration murale.

» L'abbé Vaison savait se prêter à tous avec bonne
» grâce et simplicité, sans rien perdre de sa dignité
» sacerdotale.

» Dans la chaire chrétienne, il aimait surtout cette
» instruction familière où sa parole abondante, aisée,
» parfois pittoresque, charmait, chaque dimanche,
» un nombreux auditoire ; c'était vraiment l'entre-
» tien d'un père avec ses enfants... »

Et encore :

« Notre cher curé joignait aux vertus austères du
» sacerdoce les qualités les plus charmantes ; sa belle
» intelligence était servie par un grand cœur. Nul
» ne fut plus délicat et plus secourable ; ceux qui ont
» été à lui aux heures d'afflictions n'en parleront
» jamais sans attendrissement. Il faisait aimer la
» vérité et il était aimé des pauvres..... Ils connais-
» saient tous et son cœur et sa bourse et nous avons
» surpris dans leurs bouches bien des éloges et bien
» des regrets au lendemain de sa mort. »

S'étonnera-t-on après cela que la mort de M. Vaison ait eu le caractère d'un deuil général, que ses
funérailles aient ressemblé à un triomphe ? Il n'y a
que les hommes de bien qui soient aussi vivement et

unanimement regrettés ! Dans cette foule qui a suivi le convoi mortuaire et qui s'est réunie sur le passage du cercueil, il n'y avait qu'une voix pour louer la mémoire du vénéré défunt ; tous les fronts s'inclinaient avec respect devant la dépouille de ce saint prêtre qui passait.

Les élèves des pensionnats et des écoles chrétiennes ouvraient la marche ; un long défilé d'ecclésiastiques précédait le char funèbre, escorté par des délégations de toutes les communautés religieuses de la ville.

Le frère du défunt, M. Etienne Vaison, accompagné de M. Godin, avocat, et MM. les vicaires de la paroisse conduisaient le deuil. Les cordons du poêle étaient tenus par M. l'abbé Savineau, chanoine, représentant le Chapitre ; M. l'abbé Portier, archiprêtre, curé de Saint-Louis de Rochefort ; MM. de Fleuriau et Potel, membres de la Fabrique, et enfin par M. Marchive, curé de Saint-Pallais de Saintes, et M. l'abbé Doussin, ancien vicaire de M. Vaison.

L'église cathédrale s'était remplie comme aux jours des grandes solennités chrétiennes. Si la cérémonie était grandiose et imposante par son caractère, elle l'était surtout par le recueillement et le silence qui régnaient dans l'assemblée : c'était comme une douleur muette qui étreignait les cœurs et comprimait les lèvres !

Mais ce n'était pas encore assez des regrets de tous, des prières et des chants liturgiques de l'Eglise pour honorer cette mémoire, pour donner entière satisfaction à nos cœurs.

Mgr Ardin, averti de la triste nouvelle, avait voulu apporter, par sa présence, un témoignage de sa profonde estime pour le regretté défunt. Sa Grandeur n'a pas hésité à interrompre le cours de sa tournée pastorale. Elle a donné, en cette circonstance, plus qu'un hommage ordinaire, et, avant l'absoute solennelle, prononcé du haut de la chaire, d'une voix brisée par l'émotion, ces quelques mots, qui ont fait couler bien des larmes et que nous reproduisons aussi fidèlement que nous le permettent nos souvenirs :

Dilectus Deo et hominibus, cujus memoria in benedictione est.

Il fut chéri de Dieu et des hommes, et sa mémoire demeure en bénédiction.

(Eccli., XLV, 1.)

« Nos très chers Frères,

» Cet éloge, que la sainte Écriture applique à
» Moïse, le conducteur du peuple d'Israël, s'applique
» fort bien au pasteur vénéré que vous pleurez en ce
» moment, et il est dans toutes les bouches. Vos
» cœurs sont encore palpitants de l'émotion bien vive
» qui les a déchirés, lorsque la triste nouvelle de la
» mort de ce père tendrement aimé s'est répandue
» dans cette paroisse. Vous vous êtes rappelés les
» efforts de son zèle, ses conseils, ses discours pour
» ranimer la foi dans vos âmes, ses aumônes versées
» dans le trésor de l'Église ou dans le sein du pauvre,
» et tant de marques d'une bienveillance si pater-
» nelle qu'il n'a jamais cessé de vous prodiguer.

» Vous avez reconnu combien il s'oublia pour vous
» servir et combien il se renonça pour vous aimer.
» Il se renonça jusqu'à compromettre sa santé et
» sacrifier une vie précieuse à l'Église. Il est vrai
» que le bon pasteur ne compte ni avec l'argent, ni
» avec le temps, ni avec la santé, ni avec la vie.

» Nous avons suspendu le cours de nos visites
» pastorales pour venir en toute hâte mêler nos
» larmes à vos larmes, nos douleurs à vos douleurs.
» Nous avons voulu bénir une dernière fois cette
» dépouille mortelle qui va descendre dans la tombe...
» Ces ornements sacerdotaux, dont votre cher pas-
» teur se revêtait pour offrir en votre faveur l'au-
» guste sacrifice, vont disparaître de son cercueil ;
» toutefois, il vous reste l'histoire de sa vie pour
» vous consoler et celle de sa mort pour vous servir
» d'exemple. Sa vie a été celle d'un vaillant apôtre.
» Amené sur nos plages par notre illustre prédéces-
» seur, dont il était le confident et l'ami, M. l'abbé
» Vaison a préféré ne pas suivre son père pour
» demeurer votre père.

» Combien de fois n'avons-nous pas eu l'occasion
» de le féliciter de son zèle admirable et de son
» héroïque dévouement ! Il y a des hommes dont il
» faut exciter le courage. Votre pasteur était de la
» race des forts, qui n'ont pas besoin d'être exhortés
» et qui ne reculent jamais devant les plus rudes
» sacrifices, quand il s'agit d'accomplir un devoir.
» Il est mort en noble combattant, et ses douces et
» solides vertus ne s'effaceront jamais de notre
» mémoire.

» Nous n'avons pas le temps de vous faire son orai-
» son funèbre, car tout à l'heure nous allons repar-
» tir pour continuer nos courses pastorales. Mais
» nous tenions à dire avec vous un dernier adieu à
» ce prêtre que nous avons aimé, parce qu'il était
» un prêtre modèle...

» O mon Dieu ! recevez-le dans vos tabernacles
» éternels. Tous ici nous vous en conjurons. Si la
» voix du peuple est parfois votre voix, nous jugeons
» que ce courageux athlète a généreusement tra-
» vaillé à votre gloire et qu'il nous laisse un héritage
» précieux qui demeurera cher à nos cœurs ; ses
» exemples fortifieront notre courage ; ils seront,
» dans cette paroisse, une prédication toujours élo-
» quente et resteront à jamais la plus douce conso-
» lation à notre douleur. »

Notre deuil fut vivement ressenti à Autun. Cette
année-là, les condisciples du cours de M. Vaison
devaient célébrer leurs noces d'argent au sanctuaire
de la Visitation de Paray. C'était le cher défunt qui
était appelé à présider cette fête de famille. Mais
après vingt-cinq ans écoulés, bien des places restent
vides : M. Vaison n'était pas au rendez-vous. Son
souvenir y fut cependant bien gardé ; pendant la
messe solennelle chantée à la chapelle de la Visitation, après l'Evangile, M. l'abbé Variot, docteur
ès lettres et professeur à la Faculté catholique de
Lille, traduisit avec éloquence les sentiments qui
remplissaient tous les cœurs. Dans le long regard
qu'il jeta sur le passé et l'avenir, l'orateur donna à
l'ami absent un souvenir attendri.

La date du 18 avril a ramené pour la Cathédrale un anniversaire douloureux. Dans l'intervalle, un monument funèbre, auquel tous les paroissiens fidèles, pauvres et riches, ont voulu contribuer, s'est élevé sur la dépouille mortelle du vénéré défunt, au cimetière Saint-Eloi.

Ce premier anniversaire coïncidant avec la Semaine Sainte, et l'Eglise n'autorisant pas en pareil temps des cérémonies de ce genre, l'inauguration du monument a été avancée de huit jours et a eu lieu, le jeudi 11, à trois heures de l'après-midi. Un service, célébré le matin même dans l'église Cathédrale pour le repos de l'âme de M. Vaison, avait rempli la grande nef d'une assistance recueillie dans le souvenir du cher défunt.

Le soir, de nombreux fidèles s'étaient donné rendez-vous au cimetière pour assister à la cérémonie d'inauguration. Une seconde absoute a été donnée et le monument bénit par S. G. Mgr l'Évêque.

Le mausolée élevé à la mémoire de M. Vaison offre un ensemble vraiment remarquable. Il se dresse au milieu du nouvel emplacement réservé au clergé, et sa croix semble étendre sur ce terrain consacré l'ombre de sa protection. On a choisi de préférence les lignes sévères du style grec, qui s'harmonise peut-être davantage avec l'idée de la mort.

L'architecte a heureusement compris, et le ciseau du sculpteur fidèlement traduit la commune pensée du clergé et des fidèles. Ce travail est d'un genre tout à fait distingué.

Le sarcophage, qui recouvre les restes de M. Vaison, est chargé d'une lourde croix dans toute sa longueur. C'est la pierre tombale proprement dite. La colonne, qui s'élève à la hauteur d'environ six mètres, est supportée par un socle, dont les quatre côtés présentent une surface plane, réservée aux inscriptions. Le socle lui-même semble soutenu à chacun de ses angles par des pilastres d'ordre ionique. Les corniches se relèvent en frises dentelées.

On lit sur la plaque principale, creusée dans la pierre, et que supportent deux consoles reliées entre elles par une guirlande fleurie, l'épitaphe suivante, au-dessous du monogramme du Christ :

DEPOSITIO
BONAE·MEMORIAE
IOANNIS · LVDOVICI · VAISON
ECCLES·CATHEDR·PER·XVIII·ANN
FELICISS · RECORDATIONIS
RECTORIS
SALORNACI·AEDVORV·NATVS
RVPELLAE · OBIIT · XIII · KAL · MAII
ANNO · DOM · M · DCCC · LXXXVIII

———

CVRA · ET · AMORE
EPISCOP · RVPELLEN · ET · SANTON
CLERI · PAROCHIANORVM
NECNON
ARCHIEPISCOP · ROTHOMAGEN
EP · EP · AVGVSTODVN · TRECEN · NIVERNEN
ET · ANICIENSIS

Ces dernières lignes indiquent la part que Mgr l'archevêque de Rouen et NN. SS. les évêques d'Autun, de Troyes, de Nevers et du Puy, ont voulu prendre à l'érection de ce monument, en union avec Mgr notre évêque, le clergé de la ville et les paroissiens de la Cathédrale.

Sur la face de droite, se lisent un texte sacré et une invocation à saint Joseph pour obtenir les joies de la vie éternelle :

FAC · CVM · SERVO · TVO

DOMINE

SECVNDV · MISERICORDIAM · TVA

FAC · EVM · JOSEPH · COLERE · PERENNIS

GAVDIA · VITAE

Sur le côté gauche, un *Pie Jesu* et une prière de confiance à la douce vierge Marie :

PIE · JESV · DOMINE

DONA · EI

REQVIEM · SEMPITERNAM

PER · TE · VIRGO · SIT · DEFENSVS

IN · DIE · IVDICII

Sur la face postérieure, une simple croix avec l'alpha et l'oméga, qui désigne le Christ comme le principe et la fin de toutes choses, l'auteur et le consommateur de toute vie.

Sur le devant de la pierre tombale, sont gravées les paroles qui servirent de texte à l'allocution de Monseigneur, le jour des funérailles :

DILECTVS

DEO·ET·HOMINIBVS

CVIVS·MEMORIA·IN·BENEDICTIONE·EST

(ECCLI-XIV-1)

Dans le triangle frontal, qui surmonte le socle et en complète l'ornementation , rayonne l'Agneau immolé, étendu sur la croix. Le prêtre n'est-il pas victime lui aussi, comme Jésus, son divin maître ? Le flambeau de la vie s'épanouit au-dessus dans une gerbe de lumière ! Les crêtes des trois autres côtés sont ornées de cartouches et de dessins variés.

La colonne est la partie la plus élégante et la mieux ouvragée du monument ; à sa base et à son sommet elle est rayée de cannelures ; le milieu du fût est agréablement décoré d'un semis de figures diverses, gravées en creux. On y remarque le chiffre de M. Vaison, et des attributs symboliques, géométriquement espacés : le triangle trinitaire, la gerbe d'épis, la grappe de raisin, le calice et l'hostie du sacrifice.

Le chapiteau de la colonne, qui appartient au style corinthien, est très étudié et richement fouillé. Chacun de ses côtés est orné de jolies têtes d'anges, que rattachent l'une à l'autre des festons de fleurs, en embrassant dans leur parcours les volutes angulaires du chapiteau. Au centre de la croix, qui domine le mausolée, s'enroule une couronne d'immortelles en relief, et dans le médaillon central se détache ce simple mot, si court et si éloquent : *Pax !* « La paix !... »

La paix, nous espérons que Dieu la lui a déjà accordée dans le ciel : il l'a toujours cherchée en ce monde, et, par elle, il a mérité de vivre dans le souvenir des hommes, car il est écrit que les pacifiques posséderont la terre, c'est-à-dire les cœurs.

On a dit et répété souvent que les morts vont vite, non seulement parce que la messagère céleste, qui est aux ordres de Dieu, frappe à coups redoublés et que les deuils se multiplient avec une rapidité effrayante autour de nous, mais aussi et surtout parce que leur mémoire est bientôt ensevelie dans cet oubli, qui est comme leur second linceul. Il en est cependant, parmi eux, qui survivent à leur déposition au tombeau, dans le cœur de ceux qui les ont aimés, et ne nous est-il pas arrivé parfois, aux heures mélancoliques de la vie, d'évoquer avec toute la puissance du souvenir l'image de nos chers disparus ?

Il y a des figures qui semblent grandir avec le temps et qui nous apparaissent d'autant plus belles et lumineuses que nous les voyons dans un passé vivement regretté et déjà lointain. Nous nous plaisons à les embellir des charmes que prête l'imagination aux personnes et aux choses qui ne sont plus, et nous ajoutons chaque jour un nouveau trait, une nouvelle grâce touchante à leur physionomie.

Et si les individus finissent par oublier, il n'en va pas ainsi des collectivités. Voyez dans les familles chrétiennes : il y a des traditions, des habitudes, des vertus qui se transmettent de génération en génération. On garde toujours la place des absents au foyer domestique ; on a le culte des ancêtres, et la prière en commun, récitée chaque soir, réveille dans toutes les âmes la pensée des morts.

Dans la paroisse, qui est une grande famille, cette puissance des traditions et des souvenirs est encore plus vivace. Lorsqu'un prêtre est passé là en faisant le bien, sa mémoire y demeure en bénédiction ; et, même lorsque sa vie a soulevé la contradiction, s'il est mort avec l'auréole de la vertu au front, le peuple chrétien, qui est bon juge en cette matière et dont la voix est certainement ici l'écho des glorifications divines, le peuple retient ce nom, n'oublie plus cette figure. Que de bons prêtres, qui sont morts depuis longtemps et dont on parle encore, dans plus d'une paroisse ! La génération actuelle ne les a pas connus, elle ne les a jamais vus à l'œuvre, mais elle sait, par ce qui lui a été dit, que ces hommes ont bien mérité de leurs frères, et qu'ils se sont dévoués, souvent jusqu'à l'héroïsme, pour le salut des âmes !

Ces réflexions ne s'appliquent-elles pas naturellement au prêtre vénéré qui nous a quittés depuis un an déjà, emportant dans sa tombe les regrets de chacun de nous, et qui aurait été plus aimé encore, s'il avait été plus connu ? L'Écriture dit des saints personnages que leurs ossements ont prophétisé ; on peut dire aussi que du fond de ce tombeau s'est dégagé comme une vertu sanctifiante et un parfum d'édification. Depuis un an, des fleurs symboliques n'ont cessé d'orner la tombe du cher défunt; des prières ont été répandues à profusion par la piété filiale des âmes reconnaissantes ; à notre tour, en union avec les fidèles paroissiens de la Cathédrale et en leur nom à tous, au nom de ses nombreux amis et de l'héritier de sa charge pastorale, nous y déposons humblement la fleur du souvenir !

9 782329 523392